全国高等院校跨境电商实训教材

总策划：南京瀚海 于斌

KUAJING DIANSHANG
WANGLUO YINGXIAO SHIWU

跨境电商网络营销实务

院 校 主 编：胡国敏 王红梅

企 业 主 编：周 毅

院校副主编：朱海静 林 梓

中国海关出版社
China Customs Press
中国·北京

图书在版编目（CIP）数据

跨境电商网络营销实务/胡国敏等主编．—北京：中国海关出版社，2018.7
ISBN 978-7-5175-0287-6

Ⅰ.①跨… Ⅱ.①胡… Ⅲ.网络营销—教材 Ⅳ.①F713.365.2

中国版本图书馆CIP数据核字（2018）第100397号

跨境电商网络营销实务

KUAJING DIANSHANG WANGLUO YINGXIAO SHIWU

编　　者：胡国敏等
策划编辑：史　娜
责任编辑：吴　婷
出版发行：中国海关出版社
社　　址：北京市朝阳区东四环南路甲1号　　邮政编码：100023
网　　址：www.hgcbs.com.cn
编 辑 部：01065194242-7532（电话）　　01065194231（传真）
发 行 部：01065194221/38/46/27（电话）　　01065194233（传真）
社办书店：01065195616（电话）　　01065195127（传真）
http://www.customskb.com/book（网址）
印　　刷：北京铭成印刷有限公司　　经　　销：新华书店
开　　本：710mm×1000mm　1/16
印　　张：15.75　　字　　数：202千字
版　　次：2018年7月第1版
印　　次：2018年7月第1次印刷
书　　号：ISBN 978-7-5175-0287-6
定　　价：56.00元

增值服务说明

◎ PPT 课件

本书配有 PPT 课件，具体咨询可发送邮件至 haiguanjiaoyu@163.com 或拨打编辑部电话（010）65194242-7532。

◎ 在线习题

本书配有拓展练习，以加深读者对跨境电商相关知识的理解。

1. 购买本书的读者可刮开封面防伪涂层，打开手机微信，扫描二维码，即可开通观看权限。

注：每个二维码只能被扫描一次并开通权限，不能重复扫描。

2. 获取权限后，扫描书中习题对应的二维码，即可进行在线练习。

《跨境电商网络营销实务》编委会

顾　问：

李霄翔　国家级教学名师 东南大学特聘教授

孙国华　中国电子商务协会产学研创新中心主任

张建军　中国国际电子商务协会中心研究院副院长

主　编：

胡国敏　南京信息职业技术学院讲师

王红梅　南京信息职业技术学院副教授

周　毅　全国跨境电商专业教学指导委员会特聘企业导师

副主编：

朱海静　南京信息职业技术学院讲师

林　梓　南京审计大学金审学院讲师

编　委：

王　正　南京信息职业技术学院信息服务学院书记

吴媛媛　南京信息职业技术学院副教授

蔡爱丽　南京信息职业技术学院讲师

王一海　南京信息职业技术学院副教授

彭佳佳　南京信息职业技术学院讲师

王　梅　运城学院外语系副教授

前　言

近年来，中国经济进入新常态，人口红利减少，国内经济结构调整，我国对外贸易的发展环境复杂多变，外贸增速逐渐放缓。传统外贸出现了新特点：一是大订单、长期订单逐步被碎片化的中小订单、短期订单代替；二是受成本的限制，越来越多的企业在网上进行对外贸易。现代互联网技术不断创新并快速发展，应用终端从台式机、笔记本到手机不断缩小，网络覆盖面广，上网更加便捷和普遍。互联网的应用创新速度加快，不断创新的应用加速了传统行业的变革。跨境电商是基于互联网的国际贸易，减少了流通环节，拉近了与国外消费者的距离，直接满足了客户的需求，具有环节少、成本低、周期短等方面的优势，在进出口面临较大下行压力的环境下，发展跨境电商有利于提振我国外贸。

在跨境电商迅速发展的大背景下，跨境电商企业需要培养既懂得营销相关理论，也了解跨境电商市场及平台，同时能够掌握跨境电商网络营销的工具、方法、技能的人才。

本书以培养读者跨境电商网络营销能力为核心，按照跨境电商网络营销的岗位要求及工作流程，围绕跨境电商网络市场分析、平台内的营销推广、平台外的营销推广等跨境电商网络营销核心工作，详细地介绍了跨境电商网络营销相关理论、跨境电商网络营销市场分析、跨境电商网络推广、跨境网络平台实操等内容。

通过对本书的系统学习，读者不仅能理解跨境电商网络营销的相关理论，还能掌握跨境电商网络营销市场分析及网络推广的方法和技巧，达到对跨境电商网络营销从业人员的要求。

本书的第一章、第二章由胡国敏编写，第三章由吴媛媛编写，第四章由蔡爱丽编写，第五章由王一海编写，第六章由彭佳佳编写，第七章~第九章由朱海静和王红梅编写。

由于编者的水平和经验有限，加上跨境电商行业发展变化的速度较快，书中难免有欠妥和错误之处，恳请广大读者批评指正。

目　录

第一篇　跨境电商网络营销导论

第一章　跨境电商网络营销相关理论 …… 3

第一节　市场营销相关理论 …… 4

一、市场营销及其相关概念 …… 4

二、营销观念的发展及演变 …… 6

三、目标市场营销理论 …… 8

四、营销组合策略 …… 9

第二节　市场营销的新发展和新趋势 …… 11

一、知识营销 …… 11

二、定制营销 …… 13

三、整合营销传播 …… 14

四、精准营销 …… 17

第三节　网络营销和跨境电商网络营销 …… 20

一、网络营销的概念 …… 20

二、网络营销的内容 …… 21

三、常用网络营销工具简介 …… 24

四、常用网络营销工具体系 …… 25

五、常见的网络推广方法 …… 26

第二章　跨境电商网络营销概念、发展及现状 …………………… 29
第一节　跨境电商及跨境电商网络营销 …………………… 30
一、跨境电商的概念 …………………… 30
二、跨境电商的类型 …………………… 30
三、跨境电商网络营销的概念 …………………… 30
第二节　跨境电商的发展及现状 …………………… 31
一、中国跨境电商的发展阶段 …………………… 31
二、跨境电商的市场规模 …………………… 32
三、跨境电商的增长动力 …………………… 34
四、中国跨境电商发展的展望 …………………… 35

第二篇　跨境电商网络营销市场分析

第三章　跨境电商网络营销市场 …………………… 39
第一节　跨境进口电商市场分析 …………………… 41
一、跨境进口电商市场结构分析 …………………… 41
二、跨境进口电商主要物流模式 …………………… 52
三、跨境进口电商主要经营模式 …………………… 56
四、跨境进口电商市场用户分析 …………………… 60
第二节　跨境出口电商市场分析 …………………… 62
一、跨境出口电商市场规模分析 …………………… 62
二、主流跨境出口电商平台 …………………… 65
三、跨境出口电商市场用户分析 …………………… 73

第四章　跨境市场购买者分析 …………………… 85
第一节　消费者市场 …………………… 86
一、影响消费者市场的因素 …………………… 86
二、消费者市场的特点 …………………… 86

第二节　个体消费者购买行为分析 …… 88
一、生活形态研究 …… 88
二、传统时代消费者购买行为模式 …… 92
三、网络时代消费者消费行为模式 …… 95
第三节　组织市场 …… 97
一、组织市场的规模和复杂性 …… 97
二、组织市场需求的特性 …… 97
三、组织市场购买的特性 …… 98
第四节　跨境组织买家类型及采购模式 …… 98
一、百货公司 …… 98
二、大型连锁超市、大卖场 …… 99
三、品牌进口商 …… 99
四、工业品买家 …… 100
五、进口批发商 …… 100
六、贸易商 …… 100
第五节　跨境买家采购行为分析 …… 101
一、跨境买家采购渠道 …… 101
二、跨境买家背景分析 …… 102

第五章　跨境市场数据分析 …… 105
第一节　市场数据分析 …… 106
一、数据分析的定义及重要性 …… 106
二、数据分析的指标 …… 106
三、市场分析 …… 109
第二节　店铺数据分析 …… 115
一、定价分析 …… 115
二、标题分析 …… 120
三、流量分析 …… 125

四、转化率分析 …… 128

第三篇　跨境电商网络营销及网络推广

第六章　跨境电商网络营销方法体系 …… 135

第一节　搜索引擎营销 …… 136

一、搜索引擎认知 …… 136

二、搜索引擎分类 …… 137

三、搜索引擎营销 …… 138

四、搜索引擎基本模式和选择技巧 …… 139

五、搜索引擎营销原理 …… 140

六、搜索引擎优化 …… 141

七、搜索引擎营销特点 …… 145

第二节　社会化媒体营销 …… 147

一、微博营销 …… 147

二、微信营销 …… 150

三、即时通讯营销 …… 153

第三节　网络广告 …… 157

一、网络广告的概念 …… 157

二、网络广告的形式 …… 157

三、网络广告的特点 …… 159

第四节　许可 E-mail 营销 …… 160

一、许可 E-mail 营销的定义 …… 160

二、许可 E-mail 营销的特点 …… 162

第五节　网站资源合作 …… 163

一、网站资源合作的定义 …… 163

二、网站资源合作的特点 …… 164

第六节　病毒性营销 …………………………………… 164
一、病毒性营销的定义 ………………………………… 164
二、病毒性营销的战略要素 …………………………… 165
三、信息传播渠道的设计 ……………………………… 167
四、病毒性营销的特点 ………………………………… 167
第七节　网络会员制营销 ………………………………… 168
一、网络会员制营销的定义 …………………………… 168
二、网络会员制营销的特点 …………………………… 169

第七章　跨境网络推广 …………………………………… 171
第一节　站内推广 ………………………………………… 172
一、速卖通平台 ………………………………………… 172
二、敦煌平台 …………………………………………… 184
第二节　站外推广 ………………………………………… 188
一、搜索引擎优化 ……………………………………… 188
二、SNS 营销 …………………………………………… 193

第四篇　跨境电商网络营销平台

第八章　跨境 B2B 网络营销平台 ………………………… 203
第一节　阿里巴巴国际站 ………………………………… 204
一、阿里巴巴国际站的特点 …………………………… 204
二、阿里巴巴国际站的优势和劣势 …………………… 205
三、阿里巴巴国际站主页的结构与功能 ……………… 205
四、阿里巴巴国际站的运营 …………………………… 209
第二节　敦煌网 …………………………………………… 212
一、敦煌网的交易模式 ………………………………… 213

二、敦煌网的特点 …… 213
三、敦煌网的运营业务 …… 215
第三节 中国制造网 …… 216
一、中国制造网的特点 …… 217
二、中国制造网的运营 …… 217
第四节 环球资源网 …… 218
一、环球资源网的目标群体 …… 219
二、环球资源网的功能 …… 219
三、环球资源网的盈利模式 …… 220

第九章 跨境 B2C 网络营销平台 …… 221
第一节 速卖通 …… 222
一、速卖通规则 …… 222
二、速卖通的特点 …… 223
三、速卖通开店流程 …… 224
第二节 亚马逊 …… 226
一、亚马逊开店条件 …… 227
二、亚马逊开店流程 …… 227
三、亚马逊平台维护 …… 228
第三节 eBay …… 229
一、eBay 的功能 …… 230
二、eBay 的运营 …… 230
三、卖家保护 …… 232
四、数据管理 …… 232
第四节 Wish …… 232
一、Wish 的特点 …… 233
二、Wish 的运营 …… 234

第一篇

跨境电商网络营销导论

第一章 跨境电商网络营销相关理论

【学习目标】

本章旨在让学习者了解市场营销、网络营销及跨境电商网络营销的概念，市场营销观念；掌握 STP（目标市场营销）理论及方法；掌握营销组合理论。

通过本章的学习，应掌握以下知识（技能）。

1. 对跨境网络市场进行细分。
2. 对跨境商品进行营销组合分析。

【基本概念】

市场营销、网络营销、跨境电商网络营销、生产观念、产品观念、推销观念、市场营销观念、社会市场营销观念、知识营销、定制营销、整合市场营销传播、市场细分、目标市场、市场定位、营销组合、“4P” 理论、“4C” 理论

第一节 市场营销相关理论

一、市场营销及其相关概念

（一）市场营销的含义

市场营销是个人和集体通过创造，提供出售，并同别人自由交换产品和价值，以获得所需、所欲之物的一种社会和管理过程。（【美】菲利普·科特勒，《营销管理》）

市场营销概念包含三个基本的含义：

（1）市场营销是一个交换活动。交换作为一种活动，既具有社会性，也具有管理性；

（2）交换活动是以满足需要为核心的；

（3）市场营销活动形式上是在出售产品，但是活动的真正目的是为了创造性地满足需要（经济与社会效益的需要）。

（二）市场营销的相关概念

在上述市场营销的概念中，还包括了核心概念：需要、欲望和需求。需要和欲望是市场营销活动的起点。

（1）需要（Need）

需要是人类在社会生活和生产实践中感到某种生理或心理的欠缺而产生的不平衡的主观状态，是人类一切活动，包括营销活动的出发点。需要就社会整体的状态来说，是指人类为了自身的生存和发展对物资和精神的基本要求；就个人而言，则是指没有得到的基本的物质和精神满足的一种感受状态。如口渴时对水的需要；饥饿时对食物的需要，孤独时对交友的需要，渴望美时对艺术文艺作品的需要。需要的基本性质是它是不依赖于营销活动而发生的，任何营销组织和个人既不能创造需要，也不能改变人的需要。

(2) 欲望 (Want)

当一个人饥饿的时候，可以通过米饭、馒头、面包或其他任何一种食品来满足。但究竟要通过什么具体的食物来满足对食品的需要，不同的人可以不同，但满足需要的目的是相同的。因此，谈论如何获得一个具体物满足需要的时候，就是欲望的概念。所谓欲望，是指想获得某种具体满足需要的物的愿望。但是，如果人们的需要是属于精神方面的，比如对音乐的需要，就要通过听音乐作品来满足，这种满足需要的载体不再是有形物，而是一种精神性的享受过程。可见，满足人们需要的“物”可以是“有形”的，也可以是“无形”的。通常，“无形物”表现为由别人为有需要的人所提供的一种活动（音乐家的演奏或用一种记录媒体播放存在的音乐作品）。同样的需要由不同的物或活动方式满足的差别，来源于人们所处的社会、经济、政治、文化等的差异。

(3) 需求 (Demand)

需求是指人们有能力购买并愿意购买某个（种）具体产品的欲望。也就是说，欲望使一个人对满足需要的物或活动有获得的意愿，但当他有购买能力来获得时，就是需求。普通中国人在多年前，都想拥有汽车，但是这些人是没有对汽车产品的需求的，因为那时普通中国人的收入不能支持其购买汽车，进入 2001 年后，中国市场上的汽车出现供不应求的局面，说明不少中国人具有对汽车产品的需求。

由上述概念可以知道，任何企业要想进行营销活动，是以需要为前提的，任何营销活动都不能创造需要，也不能消灭需要；营销活动影响欲望的产生，经过营销者的营销努力，使欲望转变为需求；只有有了需求，营销者才能将自己的产品出售给市场。从这个意义上说，营销是创造需求的活动。

二、营销观念的发展及演变

（一）生产观念

生产观念（Production Concept）是最古老的经营观念。

生产观念认为：消费者喜爱的是那些随处可得、价格低廉的产品。所以经营者应该致力于提高劳动生产率，并增加销售覆盖面。

这个观念的实质是卖方导向。

生产观念首先认为消费者需要的是价廉物美的产品。遵循这样的经营观念，企业努力的方向是致力于提高劳动生产率，通过提高劳动生产率，既可提高产量，也能降低成本。因此，奉行生产观念的组织，往往生产单一产品，并希望通过规模的扩大，使用效率更高的机器或用其他的方法，增加产量，降低成本，并采用广泛的销售渠道将产品尽量多地销售到顾客手中。美国福特汽车公司的创始人亨利·福特被认为是这种观念的创始人，他曾说过："我不管消费者需要什么，我只生产黑色T型车。"生产观念发展到现在，仍在某些组织尤其是那些排斥营销观念的组织中奉行。

生产观念的弊病在于：以生产者为中心，无视消费者的需要。"我生产什么，你就要消费什么"是奉行生产观念的企业组织中的经理人员的理念的最典型写照。同时，这种观念对产品数量的关心更胜于对产品质量的关心。因此，市场上一旦产品的供应量充足，出现了竞争，奉行生产观念的企业将招致营销失败。

（二）产品观念

产品观念（Product Concept）是比生产观念稍后出现的经营观念。

产品观念认为：消费者需要的是高质量的、多功能的、有特色的产品。故企业应该致力于生产高质量和高价值的产品，并不断地改进产品。

产品观念与生产观念相比，是企业经营者对向市场输出的物——

产品本身更为重视的观念。奉行这种观念的经理人员，对于质量好的、制作精致的、有特色的、功能多的产品非常迷恋和欣赏。因此，可能对于消费者需求的变化视而不见。

产品观念比较典型的表述是："产品即顾客"。意思是指，只要企业生产的产品好，就不愁没有销路，好的产品，自然就有大量的顾客会找上门来抢购，即所谓"酒香不怕巷子深"。

产品观念从本质上讲，与生产观念是相同的，仍然属于生产或卖方导向的经营思想，仍然是以生产者为核心的。产品观念导致"营销近视症"出现。即营销者的眼光总是向内而不是向外看，总是看见自己的产品，而不是去看消费者或顾客的需要是否很好地得到满足，顾客的需要和欲望是否已经发生变化。

（三）推销观念

推销观念（Selling Concept）出现于产品观念之后，曾经被许多企业经营者奉行，至今仍被相当数量的企业采用，特别是那些不能正确区别营销与推销的企业组织。

推销观念认为：若不对消费者施加影响，他们都不会购买足够的某企业的产品。所以通过积极的促销和推销，就能增加顾客的购买量。

不可否认，在现代市场经济中，面对市场需求不足或是产品过剩，竞争激烈，推销仍能发挥相应的作用。即在这时，需要企业多做消费者的说服工作，多向市场传达产品和服务的有利信息。但是，任何一种推销方法和措施，都无法将不能满足消费者或顾客需要与欲望的产品推销出去，即"世界上最伟大的推销员也不能卖掉顾客不需要的产品"。

（四）市场营销观念

市场营销观念的出现，对上述观念而言，具有革命性意义。它的核心思想和原则，直到20世纪50年代中期才基本定型。

市场营销观念认为：实现企业组织的目标的关键在于正确地确定

目标市场的需要和欲望，并且比竞争对手更有效、更有力传送目标市场所期望满足的东西。

顾客观点与竞争观点是市场营销观念的核心思想。顾客观点表明，企业首先要从满足顾客的需要出发，即从顾客的要求出发；竞争观点表明，企业为目标市场所做的一切，都需要时刻与竞争对手在同样的市场范围内进行比较，只有当顾客认为一个企业提供的产品和服务优于竞争对手时，企业才可能与这些顾客达成交易。

（五）社会营销观念

有人认为，营销观念主要强调的是满足个别消费者的需求，因此就可能带有不顾其他的消费者利益和社会整体利益的倾向。他们认为，按照营销观念行动的企业，难以做到在满足个别消费者需要的同时，兼顾其他消费者的利益与社会利益；在满足消费者当前利益的时候，可能损害人类社会的长远利益。也就是说，正确的观念应在公司利润、消费者需要和社会利益上取得平衡。由此提出了像“人道主义营销”“绿色营销”“可持续营销”等观念，都可统称为社会营销观念。

社会营销观念认为：组织的任务是确定诸目标市场的需要、欲望和利益，并以保护或者提高消费者和社会福利的方式，比竞争者更有效地向目标市场提供所期待满足的东西。

三、目标市场营销理论

市场营销活动是以消费者（用户）的需要为基础的，而消费者或用户对某种产品（服务）的期望和要求是不同的。尤其是在买方市场条件下，消费者购买或使用商品，除了考虑商品的功能等效用特征外，往往追求商品的个性，从而形成不同消费者群体对同类商品（服务）的需求偏好差异。营销活动实践证明：成功经营的企业，不仅要明确为什么样的需要服务，尤其要明确为谁的需要服务。为谁的需要服务是企业的一种经营选择，这种选择就是选择目标市场。正确地选择目标市场，明确企业特定的服务对象，是企业制定营销战略的首要内容和基本出发点。细分市场是企业选择目标市场的基础和前提，在现代企业营销活动中占有重要地位。

现代企业营销战略的核心被称为“STP 营销”（见图 1-1），即细分市场（Segmenting）、选择目标市场（Targeting）和市场定位（Positioning）。“STP 营销”即目标市场营销能够帮助企业更好地识别市场机会，从而为每个目标市场提供适销对路的产品。目标市场营销分为 3 个基本步骤。

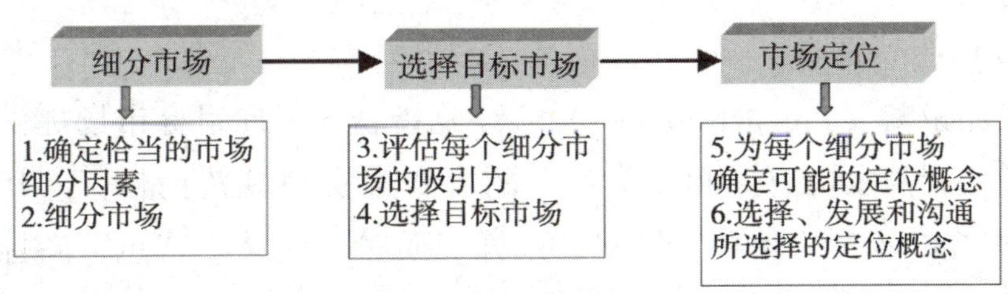

图 1-1　目标市场营销的 3 个步骤

一是细分市场，即根据购买者对产品或营销组合行为的不同需要，将市场划分为不同的顾客群体，并勾勒出细分市场轮廓的行为。

二是选择目标市场，即选择要进入一个或多个细分市场的行为。

三是市场定位，为产品和营销组合确定一个富有竞争力的、与众不同的质量、特性或行为。

四、营销组合策略

（一）营销组合策略的含义

企业的营销策略是企业对其内部与实现营销目标有关的各种可控因素的组合和运用。影响企业营销目标实现的因素是多方面的，包括产品的设计制造、产品包装、品牌选择、价格的制定与调整、中间商的选择、产品的储存和运输、广告宣传、人员销售、营业推广、公共关系等。这些营销活动可以各自进行，但相互之间又必然会产生影响。

所以许多企业在营销实践中认识到，必须对企业的各种营销策略围绕统一的营销目标加以有机组合，才能使营销活动取得成功，并降低营销的成本。

1960 年，美国市场营销学家杰罗姆·麦卡锡将各种因素归结为四个主要方面的组合，即产品（Product）、价格（Price）、地点（Place）和促销（Promotion）。从而使企业的营销策略围绕这四个方面形成了四种不同类型的组合策略。

（二）营销组合策略构成

（1）产品策略

产品策略（Product Strategy）主要是指企业以向目标市场提供各种适合消费者需求的有形和无形产品的方式来实现其营销目标。其中包括对同产品有关的品种、规格、式样、质量、包装、特色、商标、品牌以及各种服务措施等可控因素的组合和运用。

（2）定价策略

定价策略（Pricing Strategy）主要是指企业以按照市场规律制定价格和调整价格等方式来实现其营销目标，其中包括对同定价有关的基本价格、折扣价格、津贴、付款期限、商业信用以及各种定价方法和定价技巧等可控因素的组合和运用。

（3）渠道策略

渠道策略（Placing Strategy）主要是指企业以合理地选择分销渠道和组织商品实体流通的方式来实现其营销目标，其中包括对同分销有关的渠道覆盖面、商品流转环节、中间商、网点设置以及储存运输等可控因素的组合和运用。

（4）促销策略

促销策略（Promotioning Strategy）主要是指企业以利用各种信息传播手段刺激消费者购买欲望，促进产品销售的方式来实现其营销目标，其中包括对同促销有关的广告、人员推销、营业推广、公共关系等可控因素的组合和运用。

这四种营销策略的组合，因其英语的第一个字母都为“P”，称为“4P”理论，再加上策略（Strategy），所以通常也称为“4P's”。麦卡锡的“4P's”组合由于抽象适度，简明易记，很快得到广泛的认同，成为全世界各种营销教科书中的基本模式。

（三）营销组合策略的发展

20 世纪 90 年代以后，随着新经济的发展，消费者在营销中的主体地位日益确立，有人又提出了以顾客满意为导向的营销组合理论。如美国著名学者舒尔茨提出了“4C”理论，即：Customer（顾客）、Cost（成本）、Convenience（便利）、Communication（沟通）。其中“顾客”是指顾客的需要与期望，“成本”是指顾客为获得满足所付出的代价，“便利”是指顾客时间与精力的节省，“沟通”是指顾客与企业之间的信息与情感的交流。有人甚至认为在新时期的营销活动中，应当用“4C”来取代“4P”。但许多学者仍然认为，“4C”的提出只是进一步明确了企业营销策略的基本前提和指导思想，从操作层面上讲，仍然必须通过“4P”为代表的营销活动来具体运作。所以“4C”只是深化了“4P”，而不是取代“4P”。“4P's”仍然是目前为止对营销策略组合最为简洁明了的诠释。

第二节 市场营销的新发展和新趋势

一、知识营销

知识营销指的是向大众传播新的科学技术以及它们对人们生活的影响，通过科普宣传，让消费者不仅知其然，而且知其所以然，重新建立新的产品概念，进而使消费者萌发对新产品的需要，达到拓宽市场的目的。随着知识经济时代的到来，知识成为发展经济的资本，知识的积累和创新，成为促进经济增长的主要动力源。因此，作为一个企业，在搞科研开发的同时，就要想到对知识的推广，使一项新产品研制成功的市场风险降到最低，而要做到这一点，就必须运作知识营销。

与传统的营销方式相比，知识营销具有以下几个特征。

营销环境发生了质变。知识经济时代企业的营销环境将发生巨大变化。首先是竞争日益激烈，随着信息网络技术的飞速发展及世界经济一体化的不断演进，“国内市场国际化，国际竞争国内化”将逐步成为现实，竞争将愈演愈烈；其次，竞争的方式也将发生变化，大家共有信息技术，共享知识资源，共同开发市场，在合作中竞争，在竞争中合作，形成良性循环的竞争环境。

营销产品发生了质变。传统营销产品逐步被知识型产品所替代。所谓知识型产品即为高科技产品的升华，产品科技含量高，如数字化彩电等。对于这些知识型产品的营销必须要求营销者具有高素质，不仅要深谙营销技巧，同时也要掌握产品的知识，能够把这些知识推销给消费者。如果营销者对产品本身的技术含量、使用功能、维修知识一知半解，对消费者的询问含糊其词，产品售出后发生故障时也不能迅速提供售后服务的话，消费者将疑云重重，营销也就很难成功。

营销方式发生了质变。传统的营销方式是靠媒体、广告等向消费者传达产品的信息。这种传递是单向的，往往是营销者比较主动而消费者处于被动，信息反馈速度慢并有限，而且成本较高，因而往往不能制订适宜的营销战略。而在知识经济时代，网络化的实现使营销渠道四通八达，不仅营销部门可通过网络将产品信息迅速传达给消费者，大大减少了营销环节，从而降低了成本，而且消费者可通过网络与营销部门进行对话，提出自己的愿望与要求，促使厂家生产出更适合市场需求的产品。

二、定制营销

定制营销（Customization Marketing）是指在大规模生产的基础上，将市场细分到极限程度——把每一位顾客视为一个潜在的细分市场，并根据每一位顾客的特定要求，单独设计、生产产品并迅速交货的营销方式。它的核心目标是以顾客愿意支付的产品出售价格和能获得一定利润的成本高效率地进行产品定制。美国著名营销学者科特勒将定制营销誉为21世纪市场营销最新领域之一。在全新的网络环境下，兴起了一大批像Dell、Amazon、P&G等为客户提供完全定制服务的企业。

构建基于时间竞争的定制营销系统对顾客满意度、顾客忠诚度、顾客终身价值、顾客关系、顾客服务价值链的提升有十分重要的意义，因而形成定制营销时间竞争优势的途径就很重要。

（1）企业信息化是定制营销的基础

企业信息化是指企业在科研、生产、营销和办公等方面广泛利用计算机和网络技术，构筑企业的数字神经系统，全方位改造企业，以降低成本和费用，增加产量与销售，提高企业的市场反应速度，提高企业的经济效益。定制营销的一个重要特征就是数据库营销。通过建立和管理比较完善的顾客数据库，向企业的研发、生产、销售和服务等部门和人员提供全面的、个性化的信息，来深刻地理解顾客的期望、态度和行为，以便能够协同建立和维持一系列与顾客之间卓有成效的协同互动关系，从而可以更好更快捷地为顾客提供服务，增加企业给顾客提供的价值。在这个网络平台上，公司能够了解每一位消费者的要求并迅速给予答复，在生产产品时就对其进行定制。企业根据网上顾客在需求上存在的差异，将信息或服务化整为零或提供定时定量服务，顾客根据自己的喜好去选择和组合，形成“一对一”营销。因此，没有畅通的信息渠道，企业无法及时了解顾客的需求，顾客也无法确切表达自己需要什么产品，定制营销就无从谈起。互联网的发展为这一问题提供了很好的解决途径，信息化是企业电子商务、网络营销和定制营销的基础。

（2）选择合理的定制营销方式

企业要根据自身产品的特点和客户的需求情况，正确地选择定制营销方式，以取得时间优势。一般来说，定制营销的方式有合作型定制、适应型定制、选择型定制和消费型定制。

（3）构建敏捷和柔性化的生产制造系统

敏捷制造（Agile Manufacturing）这一概念是 1991 年美国里海（Lehigh）大学亚柯卡（Iacocca）研究所提出的。敏捷制造的特点：①敏捷制造有信息时代最有竞争力的生产模式，它能在全球化的市场竞争中以最短的交货期、最经济的方式，按用户需求生产出用户满意的具有竞争力的产品。②敏捷制造具有灵活的动态组织机构：它能以最快的速度把企业内部和企业外部不同企业的优势力量集中在一起，形成具有快速响应能力的动态联盟。③敏捷制造采用了先进制造技术，一方面要“快”，另一方面要“准”，其核心就在于快速地生产出令用户满意的产品。④敏捷制造必须建立开放的基础结构。定制营销企业要构建敏捷制造系统，关键要从生产运作管理入手，完成生产经营策略的转变和技术准备；适当的技术和先进的管理能使企业的敏捷性达到一个新的高度，如先进加工技术、质量保证技术、零库存管理技术以及 MRP Ⅱ/ERP 等。另外，满足客户个性化的需求，生产流程必须柔性化。企业的生产装配线必须具备快速调整的能力，使企业的生产线具有更高的柔性和更强的加工变换能力，从而使生产系统能适应不同品种、样式的产品的加工要求。

三、整合营销传播

（一）整合营销传播的概念及发展

整合营销传播（Integrated Marketing Communication，IMC）的核心思想是将与企业进行市场营销有关的一切传播活动一元化。

整合营销传播一方面把广告、促销、公关、直销、CI、包装、新闻媒体宣传等一切传播活动都涵盖于营销活动的范围之内；另一方面则使企业能够将统一的传播资讯传达给消费者。所以，整合营销传播也被称为Speak With One Voice（用一个声音说话），即营销传播的一元化策略。

整合营销传播的开展，是20世纪90年代市场营销界最为重要的发展，整合营销传播理论也得到了企业界和营销理论界的广泛认同。整合营销传播理论作为一种实战性极强的操作性理论，兴起于商品经济最发达的美国。在经济全球化的形势下，近几年来，整合营销传播理论也在中国得到了广泛的传播，并一度出现“整合营销热”。

（二）整合营销传播的七个层次

（1）认知的整合

这是实现整合营销传播的第一个层次，要求营销人员认识或明了营销传播的需要。

（2）形象的整合

第二个层次牵涉到确保信息与媒体一致性的决策，信息与媒体一致性一是指广告的文字与其他视觉要素之间要达到一致性，二是指在不同媒体上投放的广告的一致性。

（3）功能的整合

第三个层次是将不同的营销传播方案编制出来，作为服务于营销目标（如销售额与市场份额）的直接功能。也就是说每个营销传播要素的优势、劣势都经过详尽的分析，并与特定的营销目标紧密结合起来。

（4）协调的整合

第四个层次是人员推销功能与其他营销传播要素（广告公关促销和直销）等被直接整合在一起，这意味着各种手段都用来确保人际营销传播与非人际形式的营销传播的高度一致。例如推销人员所说的内容必须与其他媒体上的广告内容协调一致。

（5）基于消费者的整合

营销策略必须在了解消费者的需求的基础上锁定目标消费者，在给产品以明确的定位以后才能开始营销策划。换句话说，营销策略的整合使得战略定位的信息直接到达目标消费者的心中。

（6）基于风险共担者的整合

这是由于营销人员认识到目标消费者不是本机构应该传播的唯一群体，其他共担风险的经营者也应该包含在整体的整合营销传播战术之内。例如本机构的员工、供应商、配销商以及股东等。

（7）关系管理的整合

这一层次被认为是整合营销的最高阶段。关系管理的整合就是要向不同的关系单位做出有效的传播，公司必须发展有效的战略。也就是说，公司必须在每个功能环节内（如制造、工程、研发、营销等环节）制定出营销战略以达成不同功能部门的协调，同时对社会资源也要做出战略整合。

（三）整合营销传播的六种方法

（1）建立消费者资料库

该方法的起点是建立消费者和潜在消费者的资料库。资料库的内容至少应包括人员统计资料、心理统计、消费者态度的信息和以往购买记录等。

（2）研究消费者

这是第二个重要的步骤，就是要尽可能使用消费者及潜在消费者的行为方面的资料作为市场划分的依据，相信消费者行为更能够清楚地显现消费者在未来将会采取什么行动，因为用过去的行为推导未来的行为更为直接有效。

（3）接触管理

所谓接触管理就是企业决定“如何、何时与消费者接触”，以及采用什么样的方式与消费者接触。

(4) 发展传播沟通策略

这意味着什么样的接触管理之下，该传播什么样的信息，而后，为整合营销传播计划制定明确的营销目标。对大多数的企业来说，营销目标必须非常正确，同时在本质上也必须是数字化的目标。

(5) 营销工具的创新

第五步就是决定要用什么营销工具来完成营销目标。

(6) 传播手段的组合

最后一步就是选择有助于达成营销目标的传播手段。传播手段的选择范围可以无限宽广，除了广告、直销、公关及事件营销以外的产品包装展示、商品展示、店面促销活动等，只要能协助达成营销及传播目标的方法，都是整合营销传播的有力手段。

四、精准营销

(一) 精准营销的含义

精准营销（Precision Marketing）就是在充分了解顾客信息的基础上，针对客户喜好，有针对性地进行产品营销，在掌握一定的顾客信息、市场信息后，将直复营销与数据库营销结合起来的营销新趋势。按照精细化定向营销（Precise Marketing）的理念和结构框架，进行市场细分，帮助企业在激烈的市场竞争中取得竞争优势。目前，越来越多的企业通过“精准营销”的营销模式，精确找到目标顾客的需求，从而拉近自身与具体顾客的距离。

(二) 精准营销的核心思想

精准的含义是精确、精密、可衡量。精准营销的深层次寓意及核心思想包括以下几个方面。

①精准营销通过可量化的、精确的市场定位技术突破传统营销只能定性的定位局限。只有对市场进行准确区分，才能保证有效的市场、

产品和品牌定位。

②精准营销借助先进的数据库技术、网络通信技术及现代高度分散物流等技术和手段保障和顾客的长期个性化沟通，使营销达到可度量、可调控等精准要求。摆脱了传统广告沟通的高成本束缚，使企业低成本快速增长成为可能。

③精准营销的系统手段保持了企业和客户的密切互动沟通，从而不断满足客户个性需求，建立稳定的企业忠实顾客群，实现客户链式反应增殖，从而实现企业的长期稳定高速发展的目的。

④精准营销借助现代高效的物流使企业摆脱繁杂的中间渠道环节及对传统营销模块式营销组织机构的依赖，实现了个性关怀，极大降低了营销成本。

（三）互联网精准营销

随着网络技术的发展，网民在享受网络带来的便利的同时，急速发展的互联网也给网民们带来了信息爆炸的问题。如何在这些巨大的信息数据中快速挖掘出对网民有效且对企业有营销意义的信息，已成为当前急需解决的问题，所以网络精准营销的概念应运而生。运用个性化技术的手段（如网站站内推荐系统），帮助用户从网络过量的信息里面筛出其所需要的信息，达到精准营销的目的。电子商务网站、媒体资讯类网站、社区都逐渐引进站内个性化推荐这种手段，进行精准营销。

说到底，互联网精准营销就是通过个性化技术来实现的。以下列出网络个性化精准营销的部分发展历程。

1999 年，德国 Dresden 技术大学的 Tanja Joerding 开发了个性化电子商务原型系统 TELLIM。

2000 年，NEC 研究院的 Kurt 等人为搜索引擎 CiteSeer 增加了个性化推荐功能。

2001 年，纽约大学的 Gediminas Adoavicius 和 Alexander Tuzhilin 开

发了个性化电子商务网站的用户建模系统。

2001 年，IBM 公司在其电子商务平台 Websphere 中增加了个性化功能，以便商家开发个性化电子商务网站。

2003 年，Google 开创了 AdWords 盈利模式，通过用户搜索的关键词来提供相关的广告。AdWords 的点击率很高，是 Google 广告收入的主要来源。

2007 年 3 月开始，Google 为 AdWords 添加了个性化元素。不仅仅关注单次搜索的关键词，而且对用户近期的搜索历史进行记录和分析，据此了解用户的喜好和需求，更为精确地呈现相关的广告内容。

2007 年，雅虎推出了 SmartAds 广告方案。雅虎掌握了海量的用户信息，如用户的性别、年龄、收入水平、地理位置以及生活方式等，再加上对用户搜索、浏览行为的记录，使得雅虎可以为用户呈现个性化的横幅广告。

2009 年，Overstock（美国著名的网上零售商）开始运用 ChoiceStream 公司制作的个性化横幅广告方案，在一些高流量的网站上投放产品广告。Overstock 在运行这项个性化横幅广告的初期就取得了惊人的成果，公司称："广告的点击率是以前的两倍，伴随而来的销售增长也高达 20%至 30%。"

2009 年 7 月，国内首个个性化推荐系统科研团队百分点公司成立，该团队专注于个性化推荐、电子商务个性化精准营销解决方案，在其个性化推荐引擎技术与数据平台上汇集了国内外百余家知名电子商务网站与资讯类网站，并通过这些 B2C 网站每天为数以千万计的消费者提供实时智能的商品推荐。

2011 年 9 月，在百度世界大会 2011 上，李彦宏将推荐引擎与云计算、搜索引擎并列为未来互联网重要战略规划以及发展方向。百度新首页将逐步实现个性化，智能地推荐出用户喜欢的网站和经常使用的 APP，达到精准营销服务。

第三节 网络营销和跨境电商网络营销

自20世纪90年代以来，互联网（Internet）迅猛发展，全世界掀起了互联网应用的狂潮。随着计算机信息网络的发展，人们的生活、工作、学习、沟通和娱乐方式都发生了极大的变化，企业必须积极利用新的网络技术，变革企业的经营理念、组织架构和营销方法，抓住互联网发展带来的环境机遇，提高企业绩效。网络营销是适应网络技术发展与信息网络年代社会变革的新生事物，其必将成为信息化社会企业营销战略中不可或缺的重要组成部分。

一、网络营销的概念

（一）什么是网络营销

网络营销是指组织运用信息技术创造、传播、传递客户价值，并对客户关系进行管理，目的是为组织和利益相关者创造收益。狭义地理解，网络营销就是将信息技术应用到传统营销活动中。

在英文中，网络营销有多种表述，如 Cyber Marketing，Online Marketing，Internet Marketing，Network Marketing 和 E-marketing 等。目前，经常采用的是“E-marketing”这一表述，E 是指数字技术，包括了计算机技术和网络技术，表达了电子化、信息化和网络化的含义，既简洁明了，又与电子商务（E-business）相对应。

（二）理解网络营销要注意的方面

在理解网络营销的内涵时，需要注意以下三点。

（1）网络营销不仅仅是对万维网（World Wide Web，WWW）的运用

万维网是互联网的重要组成部分，它提供一个以文字或者图表

为表达方式的用户界面，用户可以通过浏览器来浏览超文本信息。除万维网外，电子邮件、即时通讯工具等都是开展营销活动的有效途径，而且用户接受信息的终端不限于计算机，还包括电视、手机等。

(2) 网络营销不仅仅是对技术的利用

互联网提供的主要是信息，消费者利用互联网可以更方便地获取信息，还可以通过互联网反馈信息和进行互动。企业利用互联网可以高效搜集市场反馈信息，并向市场提供企业产品信息。在互联网环境下，企业和消费者的理念和行为都会发生很大的变化。因此，网络营销不只是对信息技术的简单运用，还是信息技术与营销活动的有机结合，以新的方式、方法和理念开展营销活动。

(3) 网络营销不仅仅是网上销售或者网络广告

网上销售和网络广告都只可以看作网络营销的基本活动，而不是网络营销的全部活动。企业在互联网上进行市场调查、提供新的服务、运用新的定价策略、与消费者互动、进行客户关怀等，这些都属于网络营销活动的范畴。

二、网络营销的内容

互联网应用的发展不仅改变了企业的营销方式，还改变了消费者的行为方式。因此，网络营销不只是利用网络信息技术，还是以新的方式和理念开展营销活动，它有着非常丰富的内容。从整体上来看，网络营销与传统营销的基本目的和营销管理过程是一样的，而在具体的实施和操作过程上却有着很大的区别。下面介绍网络营销的主要内容。

(一) 网上市场调查

网上市场调查是网络营销的主要职能之一，互联网与传统媒介的最大区别之一就是它的交互性，营销者可以利用互联网的交互性来进行市场调查。营销者可以通过在线调查表或电子邮件等方式进行问卷调查收集一手资料，也可以通过搜索引擎搜集所需的二手资料。

然而，互联网超越了时空限制，实现信息共享，而且信息量巨大。因此，在利用互联网进行市场调查时，营销者不仅要掌握有效利用网络工具开展调查和整理资料的方法，还要学会如何在海量信息中分辨出有用的可靠信息。

（二）网络消费者行为分析

互联网环境下的消费者与传统市场环境下的消费者相比有着不同的特性。他们掌握的信息量大，还会通过互联网进行互动，分享经验，进行口碑传播等。因此，要开展有效的网络营销活动，必须深入了解网上用户群体的需求特征、购买动机和购买行为模式。互联网作为信息沟通的工具，正成为许多有相同兴趣和爱好的消费群体聚集和交流的地方，在网上形成了一个特征鲜明的虚拟社区。网上消费者行为分析的关键就是了解这些虚拟社区的消费群体的特征和偏好。

（三）网络产品策略和服务策略

互联网作为有效的信息沟通渠道，不仅仅是用于对传统的线下产品进行宣传或者销售，还可以进行产品策略的创新。由于网络环境与真实环境的不同，消费者对产品外观、质量以及价值感知等方面都会存在差异。因此，在网上进行产品营销，必须结合网络特点重新考虑产品组合和新产品开发等传统的产品策略，因此不少传统的优势品牌在网络市场上并未显示出其品牌优势。此外，企业可以借助互联网的交互性特征为消费者提供在线服务，如微博、微信、在线问答、短视频、在线直播等，这些新兴手段为提升企业为消费者服务的质量提供了新的机遇。

（四）网络品牌

网络品牌资产的建立和提升是网络营销的主要任务之一，企业不仅可以通过互联网的传播特性提高企业品牌和产品品牌的知名度，还需要建立企业的网上品牌（例如域名品牌）。与传统市场类似，网上品牌对网上市场消费者也具有很大的影响力，然而，网上品牌与传统品牌也有着不同之处，网上优势品牌的建立需要企业重新进行规划和投资。企业如果要在网络市场营销中充分展示品牌的影响力，绝不能一味地依赖传统品牌，要对传统品牌和网络品牌进行统筹规划和投资，实现两者的互补和互动。

（五）网络定价策略

信息技术的发展使得网络环境下的商品和服务定价变得更加复杂。在互联网环境下，消费者获取信息更加便利，获取的信息量更丰富，消费者权利也会随之提升，因而在一定程度上拥有了商品的定价权。此外，由于互联网的信息共享，商品定价的透明度增加，企业和消费者都可以通过网络了解一种商品或者服务的所有卖方的售价。所以，网络营销中的定价策略不同于传统市场中的定价，企业必须考虑互联网的特性对于产品定价的影响。

（六）网络销售渠道策略

互联网的发展为企业的分销创造了许多机遇。如果交易能够通过网络完成，消费者就能进行自我服务工作，不仅为消费者自身带来便利，同时减少了企业的成本。

然而，随着网络销售的发展，网络渠道也逐渐演化为一个复杂而庞大的系统，企业可以自己建立网络销售平台，也可以通过现有网络渠道商分销其产品。因此，如何选择渠道成员、评价渠道成员，如何科学系统地进行渠道规划，避免与传统渠道的冲突，都是网络营销渠道管理中的重要内容。

（七）网络销售促进策略

互联网作为一种双向沟通渠道，最大优势是沟通双方可以突破时空限制直接进行交流，而且简单、高效，费用低廉。目前，网络广告作为新兴的产业得到迅猛发展。网络广告作为在第四类媒体发布的广告，具有传统的报纸、杂志、无线电广播和电视等传统媒体发布的广告无法比拟的优势，即网络广告具有交互性和直接性。

（八）网络营销管理

由于互联网的匿名性特征，政府相关部门的监管还不够完善，导致网络营销面临许多传统营销活动无法碰到的新问题。如网络产品质量保证问题、消费者隐私保护问题以及信息安全问题等。由于网络信息传播速度非常快，而且网民对负面消息的反应比较强烈而且迅速，因此企业必须对这些问题予以高度重视，并通过合理的网络营销管理工作进行有效的控制，否则网络营销效果会适得其反。

三、常用网络营销工具简介

（一）企业官方网站

企业官方网站可以实现网络品牌、信息发布、产品展示、客户服务、客户关系管理、资源合作、网络调研和网络销售 8 项功能，是企业最重要的网络营销工具之一，也是综合性网络营销工具，在企业官方网络营销信息源构建、网络品牌建设等方面有其他网络营销工具无法替代的作用。

（二）第三方电子商务平台

第三方电子商务平台可以实现信息发布、产品展示、客户服务、网络销售等职能。利用第三方电子商务平台，企业可以大大简化其开展电子商务的流程，也不需要建设功能较为复杂的官方平台。

（三）搜索引擎

搜索引擎可以带来更多的点击与关注，树立企业品牌形象，提升品牌知名度，增加网站的曝光度，也可以为竞争对手制造网络推广壁垒。

（四）社会化媒体

社会化媒体是人们彼此之间用来分享意见、见解、经验和观点的工具和平台，现阶段主要包括社交网站、微博、微信、博客、论坛、问答社区、百科等。通过社会化媒体可以建立企业品牌，提升品牌的曝光度和知名度，维护客户关系等。

（五）网络视频

网络视频集视频和网络的优势于一体，通过故事、情感、娱乐等方式植入品牌、产品、促销等相关信息，目前已经成为一种趋势。

（六）网络广告

网络广告因覆盖面广、观众基数大、传播范围广、不受时空限制、互动性强、可准确统计受众数量等特点，已成为目前一种主流的广告形式。

（七）电子邮件

电子邮件是一种用电子手段提供信息交换的通信方式，是互联网应用最广的服务。企业可以通过电子邮件实现客户服务、网站推广、信息发布、市场调研等职能。

四、常用网络营销工具体系

几乎每一种常见的互联网工具和服务都有一定的网络营销基础，如微博、QQ、搜索引擎等，而每一种工具都会产生一种或者多种网络营销效果，如小米通过其官方微博为顾客提供客户服务、产品信息发布、产品体验调研等。图 1-2 所示为网络营销职能和实现其职能所需的网络营销工具体系。

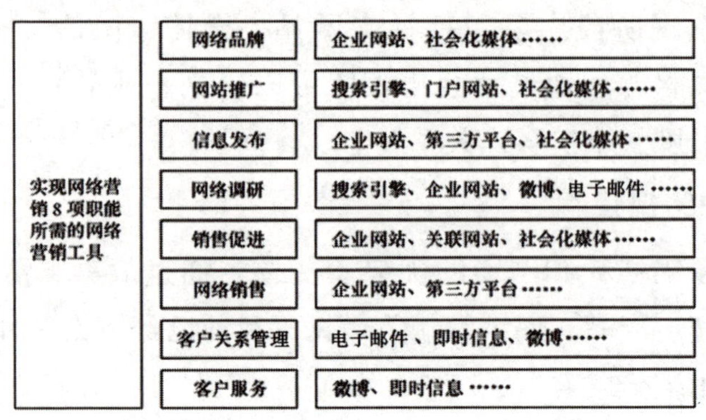

图1–2　网络营销所需的营销工具

五、常见的网络推广方法

（一）网络平台营销

搭建营销导向的企业官方网站和第三方电子商务平台可实现其网络营销功能，并通过网络平台运营维护、推广及管理使网络平台发挥应有功能。

（二）搜索引擎营销

搜索引擎营销就是当用户利用搜索引擎进行信息检索时，在搜索结果中展示信息以获得用户关注，并且吸引用户通过点击搜索结果中的链接进入网站（微网站）获取更详细的信息，从而实现网站（微网站）推广、产品推广。

（三）社会化媒体营销

社会化媒体营销也称社会化营销，是利用社会化网络，如微博、微信、在线社区、博客、百科、问答或者其他互联网协作平台媒体来进行营销、公共关系管理及客户开发、服务、维护的一种方式。

（四）网络广告营销

企业通过网络广告投放平台，利用网站上的广告横幅、文本链接、关键词、多媒体的形式，在互联网刊登或发布广告，通过网络传递给互联网用户的一种广告运作方式。

（五）网络视频营销

企业将各种视频短片以多种形式放到互联网上，达到一定宣传目的的营销手段。

（六）软文营销

软文是由企业的市场策划人员或广告公司的文案人员来负责撰写的“文字广告”。与硬广告相比，软文将宣传内容和文章内容完美地结合在一起，让用户在阅读文章时能够了解策划人所要宣传的东西。一篇好的软文是双向的，既要让客户阅读需要的内容，也要让其了解宣传的内容。

（七）事件营销

事件营销是指企业通过策划、组织和利用具有新闻价值、社会影响以及名人效应的人物或事件，吸引媒体、社会团体和消费者的兴趣与关注，以求提高企业或产品的知名度、美誉度，树立良好品牌形象，并最终促成产品或服务的销售的手段和方式。

（八）病毒营销

病毒营销是指通过用户的社会人际网络，使信息像病毒一样传播和扩散，利用快速复制的方式传向数以千计、百万计的大众群体。

知识考查与技能训练

本章习题请扫码获得。

第二章　跨境电商网络营销概念、发展及现状

【学习目标】

本章旨在让学习者理解跨境电商、跨境电商网络营销的概念；了解跨境电商网络营销在国内外发展的历史及现状；了解跨境电商网络营销的趋势。

通过本章的学习，应掌握以下知识（技能）。

1. 理解跨境电商、网络营销的概念。
2. 了解跨境电商全球市场及其现状。
3. 了解跨境电商市场的未来发展趋势。

【基本概念】

跨境电商、跨境电商网络营销

第一节 跨境电商及跨境电商网络营销

一、跨境电商的概念

跨境电商（Cross-boarder Electronic Commerce）指的是电子商务应用过程中一种较为高级的形式，指不同国家或地区的交易双方通过互联网以邮件或者快递等形式通关，将传统国际贸易中的展示、洽谈和成交环节数字化，实现产品进出口的新型贸易方式。

二、跨境电商的类型

按交互类型划分，跨境电商的主要模式可以划分为 B2B、B2C、C2C 等若干种，其中 B2C、C2C 都是面向最终消费者的，因此又可统称为跨境网络零售；以经营主体划分，跨境电商分为平台型、自营型、混合型（平台+自营）。

三、跨境电商网络营销的概念

跨境电商网络营销是以国际互联网为基础，利用数字化的信息和网络媒体的交互性来辅助跨境电商营销目标实现的一种新型市场营销方式。换言之，跨境电商网络营销就是以互联网为主要手段进行的，为达到跨境电商营销目的的营销活动。

第二节 跨境电商的发展及现状

一、中国跨境电商的发展阶段

中国跨境电商发展经历了三个阶段，如图 2-1 所示。

第一阶段（萌芽期，1997 年-2007 年）：跨境电商在中国起步于 20 世纪末，最早出现的是帮助中小企业出口的 B2B 平台，代表企业有阿里巴巴国际站、中国制造网等。1997 年-1999 年，中国的外贸 B2B 电子商务网站中国化工网、中国制造网、阿里巴巴国际站等相继成立，这些跨境电商平台为中小企业提供商品信息展示、交易撮合等基础服务。其中，阿里巴巴国际站是目前全球最大的跨境 B2B 平台，并且已经从线上 B2B 信息服务平台，逐步发展成 B2B 跨境在线交易平台。

第二阶段（发展期，2008 年-2013 年）：随着全球网民渗透率的提高以及跨境支付、物流等服务水平的提高，2008 年前后，面向海外个人消费者的中国跨境电商零售出口业务（B2C/C2C）蓬勃发展起来，DX（2006 年）、兰亭集势（2007 年）、阿里速卖通（2009 年）皆是顺应这一趋势成长起来的跨境电商 B2C 网站。跨境电商零售的发展导致国际贸易主体、贸易方式等发生巨大变化，大量中国中小企业、网商开始直接深入参与国际贸易。

第三阶段（爆发期，2014 年至今）：2014 年中国规范对跨境电商零售进口的监管，大量中国中小企业、网商开始进行深度创新，促进了中国跨境电商零售进口的迅猛发展，诞生了一大批跨境电商零售进口平台和企业，包括天猫国际、网易考拉、聚美优品、洋码头、小红书等，整个行业在 2015 年迎来了爆发式增长。如果说 20 世纪末开始的跨境电商只是改变了传统国际贸易的营销方式，那么随着全球互联网基础设施的迅速发展和普遍安装，当前跨境电商已经对国际贸易运作方式、贸易链环节产生了革命性、实质性的影响。中小企业、个人深入参与到国际贸易的各个环节，中小企业直接与全球消费者进行互动和交易，全球化红利的受益者更加广泛，各方受益也更加均衡和普惠。

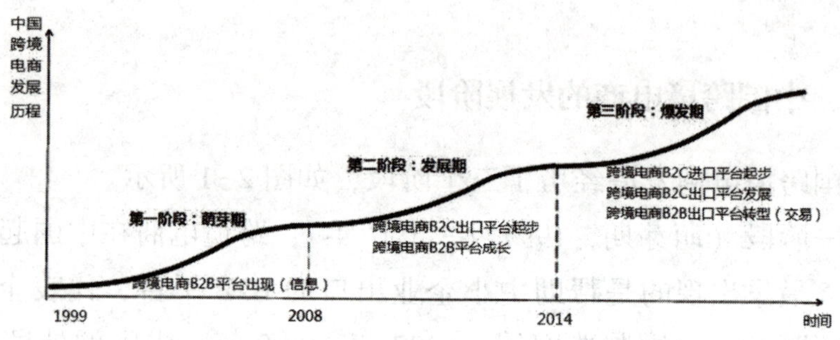

图 2-1　中国跨境电商的三个发展阶段

二、跨境电商的市场规模

数据显示，2018 年全球零售电商销售规模会达到 24.9 万亿美元，占全球零售的 10%，到 2020 年，占比会升至 14.6%；北美 2017 年零售电商增长了 15.6%，达到 4233 亿美元，是世界第二大电商市场；亚太地区是全球最大的零售电商市场，2016 年就超过万亿美元，其中中国 2017 年零售电商的规模为 8990 亿美元。

数据显示，2016 年中国进出口跨境电商（含零售及 B2B）整体交易规模达到 6.3 万亿元。截至 2018 年，中国进出口跨境电商整体交易规模预计将达到 8.8 万亿元，如图 2-2 所示。

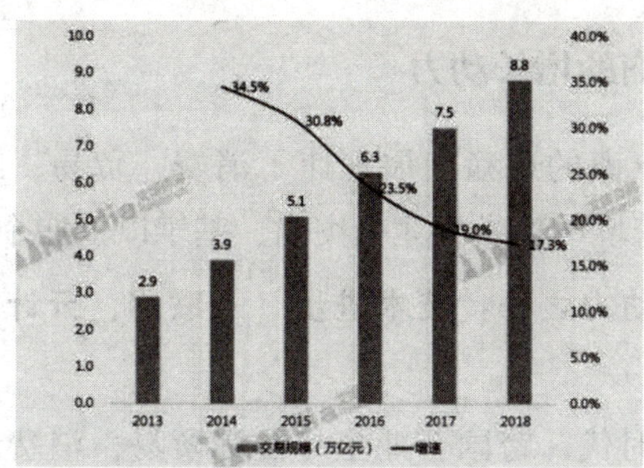

图 2-2 2013 年-2018 年中国跨境电商交易规模及预测

阿里研究院编制了“一带一路”沿线国家 ECI① 跨境电商指数。跨境电商排名前 10 的国家是：俄罗斯、以色列、泰国、乌克兰、波兰、捷克、摩尔多瓦、土耳其、白俄罗斯、新加坡，如图 2-3 所示。

排序	国家／地区	ECI出口指数	ECI进口指数	ECI总指数	排序	国家／地区	ECI出口指数	ECI进口指数	ECI总指数
1	俄罗斯	29.0	0.9	29.9	16	罗马尼亚	4.2	0.6	4.8
2	以色列	10.9	2.8	13.7	17	立陶宛	4.7	0.1	4.8
3	泰国	4.6	6.9	11.5	18	马来西亚	2.9	1.8	4.7
4	乌克兰	10.3	0	10.3	19	印度	4.4	0.2	4.7
5	波兰	8.4	0.7	9.1	20	印度尼西亚	3.9	0.7	4.6
6	捷克	6.8	1.1	7.9	21	哈萨克斯坦	4.6	0	4.6
7	摩尔多瓦	7.8	0	7.8	22	爱沙尼亚	4.2	0	4.2
8	土耳其	7.4	0.2	7.7	23	不丹	4.2	0	4.2
9	白俄罗斯	7.0	0	7.1	24	希腊	2.9	1.2	4.1
10	新加坡	4.0	2.3	6.4	25	黎巴嫩	3.4	0	3.4
11	匈牙利	5.1	0.8	5.9	26	塞尔维亚	3.4	0	3.4
12	沙特阿拉伯	5.7	0	5.7	27	亚美尼亚	3.3	0	3.3
13	拉脱维亚	5.1	0.2	5.3	28	马其顿	3.2	0.1	3.3
14	斯洛伐克	5.2	0	5.2	29	斯洛文尼亚	3.1	0.2	3.3
15	保加利亚	4.7	0.4	5.0	30	阿联酋	3.1	0.1	3.2

排序	国家／地区	ECI出口指数	ECI进口指数	ECI总指数	排序	国家／地区	ECI出口指数	ECI进口指数	ECI总指数
31	塞浦路斯	2.3	0.7	2.9	49	约旦	1.3	0	1.3
32	菲律宾	2.5	0.3	2.8	50	埃及	1.3	0	1.3
33	马尔代夫	2.7	0	2.7	51	伊拉克	1.1	0	1.1
34	克罗地亚	2.7	0	2.7	52	土库曼斯坦	1.0	0	1.0
35	科威特	2.7	0	2.7	53	孟加拉国	0.9	0	0.9
36	阿曼	2.6	0	2.6	54	吉尔吉斯斯坦	0.9	0	0.9
37	阿塞拜疆	2.6	0	2.6	55	波黑	0.8	0	0.8
38	卡塔尔	2.5	0	2.5	56	缅甸	0.6	0	0.7
39	巴基斯坦	2.3	0.1	2.4	57	老挝	0.5	0	0.6
40	阿尔巴尼亚	2.4	0	2.4	58	蒙古	0.5	0	0.5
41	巴林	2.2	0	2.2	59	塔吉克斯坦	0.5	0	0.5
42	黑山	2.1	0	2.1	60	巴勒斯坦	0.3	0	0.3
43	越南	1.6	0.4	2.0	61	尼泊尔	0.3	0	0.3
44	斯里兰卡	1.7	0.2	2.0	62	阿富汗	0.2	0.1	0.3
45	乌兹别克斯坦	1.6	0	1.6	63	也门	0.2	0	0.2
46	格鲁吉亚	1.6	0	1.6	64	叙利亚	0	0.1	0.1
47	文莱	1.4	0	1.4	65	伊朗	0	0.1	0.1
48	柬埔寨	1.3	0	1.3					

图 2-3 “一带一路”沿线国家 ECI 跨境电商指数

① 中国与主要经济体跨境电商连接指数，是根据阿里巴巴跨境电子商务大数据编制，简称为 ECI 指数。

三、跨境电商的增长动力

近年来跨境电商的迅猛发展加速了消费、贸易、服务和中小企业的全球化。中国跨境电商发展尤为突出，基于以下四个方面的原因。

（一）增长动力之一：技术进步（互联网、云计算、智能终端的普及和发展）

在传统工业时代，跨国企业主导国际贸易，消费者和小企业很难获得充分的市场信息，也不具备从事国际贸易的基础条件。21 世纪初以来，互联网技术和全球电商平台迅猛发展，市场主体获得的信息丰富而对称，几乎接近零成本，C2B/C2M 消费者需求拉动大规模柔性生产逐渐成为现实。支付体系日趋完善，物流时效提高且成本降低，云计算和大数据日渐普及，跨境贸易专业服务迅速发展。这些条件为跨境电商的兴起奠定了坚实基础。

（二）增长动力之二：消费升级

中国经济增长的主要动力将来自消费。2015 年消费对中国国民经济增长的贡献率进一步提升至 66.4%，未来仍将继续提升。且中国正迎来新一轮消费升级，预计到 2020 年，中国中产阶层及以上家庭接近 2 亿户。

消费者对海外长尾、优质、价廉、个性化产品的需求日益强劲。未来五年，私人消费增量的 42%将由电子商务贡献。同时，庞大的网购用户规模是电子商务创造新增消费的基础，截至 2016 年 6 月底，中国网络购物用户规模达到 4.48 亿，网购利用率达到 63%。

（三）增长动力之三：产业基础

中国外贸中小企业大约为 500 万家，约创造了对外贸易总额的 60%，中小企业作为“卖全球”的“卖方”不断加入跨境电商市场，使得跨境电商出口保持快速发展。

中国具有传统的制造业基础和优势出口产品，消费品制造业的设计、工艺和制造水平是世界一流的，特别在服装、鞋帽、箱包、3C数码、家电等消费品领域，是世界上最大的生产国。

（四）增长动力之四：信用保障

从中国跨境电商的发展历程看，信用体系以及担保交易不但对淘宝等零售平台发展至关重要，对跨境电商B2B发展也起到了重要作用。

中国跨境电商B2B平台虽然起步较早，但由于过去没有建立信用保障体系，总体上发展缓慢。2015年以来，以阿里国际站为代表的中国跨境电商B2B平台从信息服务平台逐渐向交易平台转变，而支撑这一转变的即是逐步积累起来的企业交易和信用数据。通过外贸综合服务平台提供的“关、检、税、汇”等服务，跨境电商平台可以得到企业真实的交易数据，帮助企业建立起全球网络交易信用体系，从而更好地获得国际买家的信任和订单，让信用等于财富，形成了良性循环。

四、中国跨境电商发展的展望

从中国跨境电商发展的实践看，我们有以下启示和展望。

跨境电商B2B平台将由信息平台向交易平台升级。通过提供外贸综合服务，将有利于跨境电商平台积累真实贸易数据，帮助外贸企业建立全球网络交易信用体系和大幅减少国际贸易风险。同时，跨境电商平台可以基于大数据做贸易高效匹配，创新信用担保服务，提供金融和物流等配套服务，极具想象力和增长空间。

跨境电商零售将帮助全球消费者和企业更加自由和便利地“买全球、卖全球”。传统贸易（M2B2，B2C）将不断转向C2B或C2M，过去依靠信息不对称而存在的中间环节会逐渐消除。生产企业直接连接终端消费者，根据消费者和市场的实时需求实现定制化、拉动式的柔性化生产供应，并依托全球电商平台与专业服务商一起，形成一个网状的生产和服务协同生态。跨境电商零售以互联网和大数据为基础，会逐步发展成为与B2B并驾齐驱的全球贸易主要方式，一方面必然会取代部分传统 B2B 贸易，另一方面会产生大量新增贸易。这是技术革命带来的商业发展大趋势，不可逆转。

跨境电商服务生态将更加繁荣和健康发展。跨境金融服务、跨境物流服务、外贸综合服务、跨境电商衍生服务（代运营、搜索关键词优化、人员培训咨询等）、大数据和云计算等，将围绕跨境电商平台得到快速发展。

跨境电商将促进互联网时代国际贸易新规则和新秩序的形成。到 2020 年，全球跨境电商消费者总数将超过 9.4 亿，全球跨境电商零售将成为国际贸易的重要组成部分，这代表了互联网时代全球贸易主体和贸易方式的巨大变化。因此，国际社会需要不断革新贸易体制、规则和标准，以适应全球互联网经济和跨境电商飞速发展的时代潮流。

知识考查与技能训练

本章习题请扫码获得。

第二篇

跨境电商网络营销市场分析

第三章　跨境电商网络营销市场

【学习目标】

本章旨在让学习者了解境外网络市场主要平台；了解境外各大社交网络并掌握其特点；掌握主要贸易国家网络市场特征及相应的营销策略。

通过本章的学习，应掌握以下知识（技能）。

1. 根据产品特点和市场特征选择网络平台进行跨境销售。

2. 根据产品特点和市场特征选择合适的社交网络进行市场推广。

3. 根据贸易对象所在国选择合适的网络营销方式。

【基本概念】

电子商务平台、社交网络

导入案例

1. 东西方数字新闻（EWDN）发表的调查显示，2016 年俄罗斯电商零售额超过 160 亿美元，其中跨境电商零售额为 43 亿美元，80%的包裹来自中国。调查称，跨境电商是 2016 年最为活跃的俄罗斯网络零售行业，销售额一年增长 26%。外国网络平台向俄罗斯邮寄的包裹数量也显著增长，从 2015 年的 1.35 亿件上升到 2016 年的 2.45 亿件。全球速卖通（AliExpress）从 2014 年起就是中国网络平台的龙头。但本次研究也涉及京东、兰亭集势、DealXtreme.com 等平台，以及 2015 年进入俄罗斯的敦煌网（Dhgate.com）、龙贸通（TradeEase）和 2016 年进入俄罗斯的乐视（LeEco）和丰卖网（Rumall）。调查同时指出，2016 年的跨境贸易中，iHerb、Next、Yoox 等西方网站平台的销售额也有上升。2017 年，西班牙的英格列斯百货（El Corte Ingles）、日本的山本耀司（Yohji Yamamoto）和澳大利亚的 HoneyFlow 进入俄罗斯跨境电商贸易市场。

2. 新消费人群带来跨境电商新机会。调查显示，2015 年中国人已经超过美国人，成为全球出境旅游花销最多的群体。据统计，2015 年中国游客境外旅游购物人均花费 11205 元，同比增长了 21%，其中“80 后”和“90 后”是旅游消费的两大主力人群。“85 后”和“90 后”新一代有着鲜明的消费特征：（1）整个中国的恩格尔系数从 1985 年开始大幅下滑，说明生活质量在这个阶段有了比较大的提高，也导致“85 后”从小生活条件优于父母，愿意为了服务而不是简单的商品付费；（2）伴随互联网成长的一代，对于网络有天生的喜好，比较喜欢网购。全球第一的境外商品花费，叠加年轻人对于互联网的依赖，以及更注重品质而不是价格，都推动了跨境电商的发展。

案例引发思考：

1. 跨境电商随着互联网的发展是不是正在成为国际贸易的一个常态经营模式？

2. 目前主要跨境进口电商平台有哪些？它们的经营模式是怎样的？

《2017-2021 年中国跨境电商行业细分市场研究报告》表明，随着国人消费升级的步伐加速、海淘平台的普及，中国跨境电商的市场规模正持续扩大。2016 年，中国跨境电商交易规模为 6.7 万亿元，同比增长 24%。出口跨境电商交易规模为 5.5 万亿元，进口跨境电商交易规模为 1.2 万亿元。基于政策、资本进入以及增速角度判断，当前，跨境电商正处于行业增长的黄金期。在国内市场红利逐渐见底的情况下，电商的全球化连接和加速向海外布局，将成为未来的重点。

第一节 跨境进口电商市场分析

一、跨境进口电商市场结构分析

（一）跨境进口电商交易规模

根据数据调查结果显示①，2016 年中国跨境进口电商交易规模达 1.2 万亿元，同比增长 33.3%。

2013 年后，跨境进口电商平台快速发展，跨境网购用户也逐年增加，我国跨境进口电商市场规模增速迅猛，2015 年由于进口税收政策的规范以及部分进口商品关税的降低，跨境进口电商呈爆发式增长。2016 年跨境进口电商在激烈竞争中不断提升用户体验，不断扩展平台商品种类，完善售后服务，未来中国跨境进口电商市场的交易额仍将快速增长。随着国家政策对跨境进口电商的不断支持，跨境进口电商会变得越来越普及化。2012-2016 年跨境进口电商市场交易规模如图 3

① 数据来源：中国电子商务研究中心（WWW.100EC.CN）发布的《2016-2017 年度中国跨境进口电商发展报告》。

-1 所示。

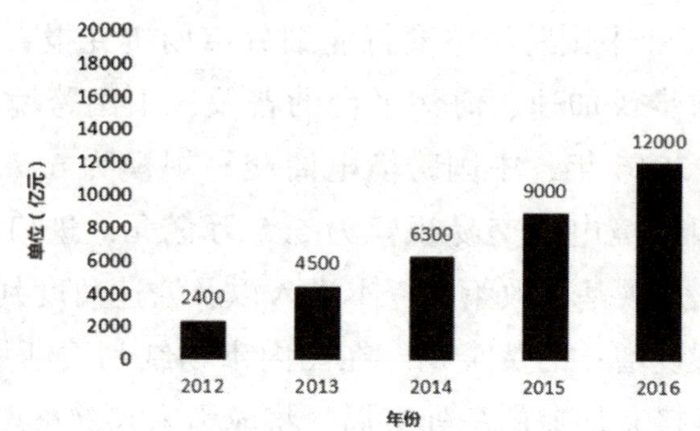

图 3-1　2012-2016 年跨境进口电商市场交易规模

（二）跨境进口电商重点企业成立时间

目前跨境进口电商的知名企业有洋码头、网易考拉海购、天猫国际等，如图 3-2 所示。其中，2009 年洋码头成立，2011 年蜜芽成立，小红书在 2013 年成立，随着 2014 年跨境进口电商的合法化以及税收政策的改变，2014 年至 2015 年这一时间段成为跨境进口电商平台成立的高峰期，网易考拉海购、天猫国际、唯品国际、京东全球购、宝贝格子等平台均在这两年内相继成立。

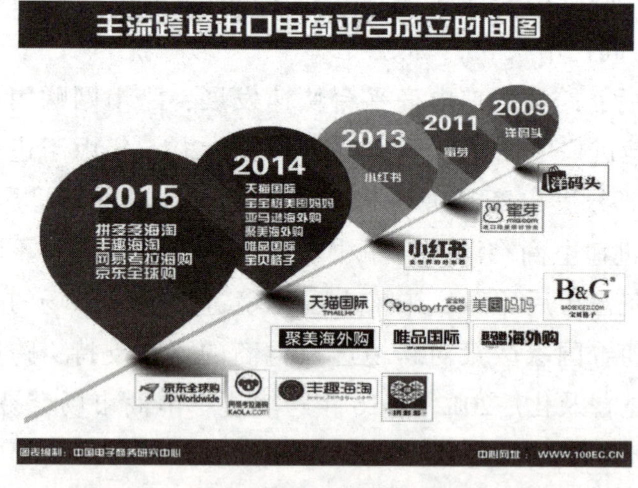

图 3-2　跨境进口电商平台成立时间图

2014年与2015年是跨境进口电商发展的爆发期，跨境网购用户在这两年里急速增长，消费形式的转变拉动了跨境进口电商的发展，而跨境进口电商平台的出现，也带动了传统消费者消费观念的转变，跨境进口电商的发展进入鼎盛时期。

补充小知识

洋码头，成立于2009年，是成立较早的中国海外购物平台，满足了中国消费者不出国门就能购买到全球商品的需求。“洋码头”移动端APP内拥有首创的“扫货直播”频道；而另一特色频道“聚洋货”，则汇集全球各地知名品牌供应商，提供团购项目，认证商家一站式购物，保证海外商品现货库存，全球物流护航直邮；接着APP里的“社区”频道建立全方位购物社交，用户彼此传达和分享最流行的时尚资讯，增进用户对洋码头的黏着度。

为保证海外商品能安全、快速地运送到中国消费者手上，洋码头自建立以来就打造跨境物流体系——贝海国际。目前洋码头全球化布局已经完成，在海外建成十大国际物流仓储中心（纽约、旧金山、洛杉矶、芝加哥、墨尔本、法兰克福、东京、伦敦、悉尼、巴黎），并且与多家国际航空公司合作，实施国际航班包机运输，每周40多驾全球班次航线入境，大大缩短了国内用户收到国际包裹的时间。

(1)“扫货直播”频道体验真实的海外现场血拼

洋码头首创的海外卖场扫货场景式购物模式，自2013年12月正式上线至今，“扫货直播”频道已聚集了数万名海外认证买手，他们分布于美国、欧洲、澳大利亚、日本和韩国等全球20多个国家和地区，现场直播血拼，体验同步折扣，洋码头跨过所有中间环节，降低了中国市场的进入门槛，让消费者体验真实的海外现场血拼。

从模式上看，“扫货直播”频道主要有两大特点。

①买手制：“扫货直播”频道的买手遍布全球，实时直播全球线下

卖场、品牌折扣店（Outlets）、百货公司等扫货现场实况。它是一种同步的海外购物C2C模式，买手实时发布商品和直播信息，消费者如有兴趣可直接付定金购买。

②限时特卖：由于“扫货直播”频道做的是海外特卖现场直播，所以特卖时间与海外基本同步。限时模式除了制造稀缺感外，一定程度上也将用户代入了现场体验。

（2）“聚洋货”频道品质洋货一站式购物

“聚洋货”频道引入经过严格认证的海外零售商，直接对接国内消费者，精选全球品牌特卖，品类涵盖服装鞋包、美妆护肤、母婴保健、食品居家等。

跨境进口B2C的供应链体系，大幅度降低了海外众多零售商、品牌商的进入门槛，让国内消费者可以收获海外精品。洋码头还自建有国际物流服务平台，海外部署三大分拨物流中心，保证以其低成本的国际订单配送服务，快速、合法地帮助海外零售商和国内消费者完成交易和购物，同时专门设立国内退货服务中心，方便退货，让国内消费者体验海外直邮，一站式购物，同步全球品质生活。不仅如此，“聚洋货”频道还拥有海外库存保证。

（3）“社区”频道全方位购物社交

“洋码头”APP的“社区”频道，会定期推出专题，传递最流行的流行时尚资讯；更有来自全球各地“爱秀爱美”的用户，实时晒出扫货战利品，分享其购物心情和攻略。在这里，用户可以即时刷新海外的“新奇特”，找到志同道合的朋友，享受海外购物的乐趣。

同时，在社区中也活跃着一批“时尚达人”，“达人们”定期分享自己在穿衣搭配、美妆护肤等方面的心得，并推荐相关海外商品；如果有更多疑问，用户还可以通过评论与“达人”互动。分享与互动，不仅激起大家对海外商品的兴趣，也增进了用户对洋码头的黏着度。

（三）跨境进口电商企业类型

考虑到进口商品的报关纳税和物流模式，按照跨境电商企业的经营模式，可以将跨境进口电商企业做出如下的具体划分。

(1) 使用直邮拼邮发货的平台类电商：HIGO、淘宝全球购、易趣、优集品、魅力惠、保税国际、么么嗖、跑客帮、熟人邦、冰帆海淘。

(2) 使用保税仓或直邮拼邮发货的平台类电商：洋码头、聚优澳品、海蜜严选、孩子王、跨境淘。

(3) 使用保税仓发货的自营类电商：达令全球好货、银泰网海淘馆、YOHO。

(4) 使用直邮拼邮发货的自营类电商：中粮我买网全球购、一帆海淘网。

(5) 使用保税仓或直邮发货的自营类电商：波罗蜜全球购、林德帕西姆、网易考拉海购、小红书、唯品国际、丰趣海淘、麦乐购、优盒网、五洲会、母婴之家、莎莎网、摩西网、保税店。

(6) 使用直邮拼邮发货的平台+自营类电商：海淘大师。

(7) 使用保税仓或直邮发货的平台+自营类电商：天猫国际、宝贝格子、苏宁海外购、聚美优品、京东全球购、亚马逊海外购、1 号店全球进口、国美海外购、蜜芽、宝宝树旗下的美囤妈妈。

(8) 第三方物流：FedEx、DHL、UPS、EMS、申通快递、中国邮政、顺丰速递、圆通速递、韵达速递。

(9) 平台自建物流：贝海国际（洋码头）、品骏快递（唯品会）、菜鸟网络（阿里巴巴）、京东物流。

(10) 转运类物流：飞猪转运、运淘美国、转运四方、优递速递、斑马物流、快鸟转运、海带宝。

(11) 返利类海淘工具：RebatesMe、55 海淘、Extrabux、一淘。

(12) 比价类海淘工具：惠惠购物助手。

(13) 指南攻略类海淘工具：海淘贝、买个便宜货、北美省钱快报、海淘居、极客海淘、口袋购物、什么值得买、悠悠海淘。

关于图 3-3 有两点说明。

（1）由于中国跨境进口电商平台数量众多，本图不涉及以下几种类型的平台：①综合性电商中少量涉及跨境进口的平台；②注册在海外的平台；③由品牌商自建的平台。而跨境物流类方面不包括只提供国内物流服务的物流平台。

（2）由于可使用于跨境进口电商平台中的分类条目众多，本图暂以跨境电商平台的经营模式以及物流模式为标准对各平台进行分类。其中，物流类型可分为直邮/拼邮、保税仓发货以及保税仓直邮拼邮同时使用，共三种类型；跨境电商平台的经营模式可分为平台类、自营类以及平台+自营类三种模式；跨境电商平台的物流合作和建设则可以分第三方物流、平台自建物流和转运三类。至于海淘工具，则也可分为返利、比价以及指南攻略三类。

图 3-3　跨境进口电商企业类型汇总

（四）跨境进口电商重点企业的市场份额

数据显示，2016-2017 年，在主流的跨境进口电商平台中，按整体交易额进行计算，网易考拉海购排名第一，占 21.4%的份额；天猫国际名列第二，占据 17.7%的份额；唯品国际位居第三，占 16.1%的份额；排名第四的是京东全球购，市场占比为 15.2%；排名第五的是聚美极速免税店，占 13.6%的份额；排名第六、第七的平台是小红书和洋码头，分别占 6.4%和 5.3%的份额；其他的跨境进口电商平台，包括宝贝格子、蜜芽、宝宝树等平台占总市场份额的 4.3%，如图 3-4 所示。

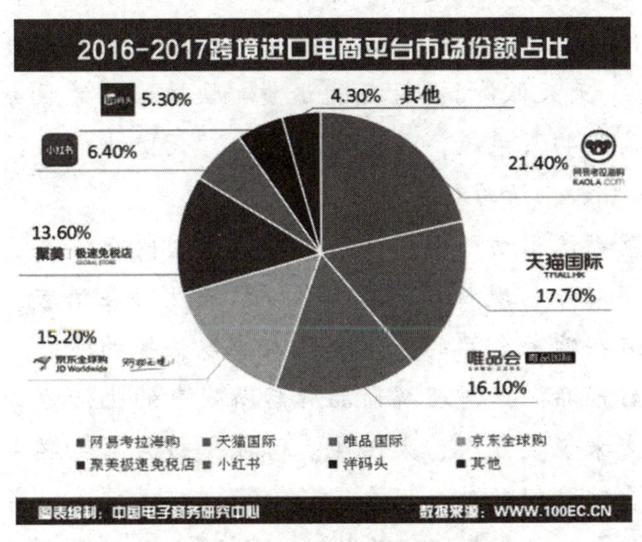

图 3-4 跨境进口电商市场份额占比

根据市场份额情况分析，中国跨境进口电商平台可以划分为三个梯队，第一梯队为网易考拉海购、天猫国际、唯品国际以及京东全球购，占整个市场 70.4%的份额；第二梯队为聚美极速免税店、小红书以及洋码头；第三梯队为宝贝格子、蜜芽、宝宝树等平台。可以看出，位于第一梯队的都是规模较大平台旗下的跨境进口电商，“寡头”效应显现；第二梯队是一些综合性的电商平台；而第三梯队大多是母婴类产品平台。

补充小知识

网易考拉海购是网易旗下以跨境业务为主的综合型电商平台，于2015年1月正式开始市场运营，销售品类涵盖母婴、美容彩妆、家居生活、营养保健、环球美食、服饰箱包、数码家电等。网易考拉海购以100%正品、天天低价、7天无忧退货、快捷配送的服务，提供消费者海量海外商品购买渠道，希望帮助用户“用更少的钱，过更好的生活”，助推消费和生活的双重升级。

作为一家媒体驱动型电商，网易考拉海购良好解决了商家和消费者之间信息不对等的现状。全球各个地区天然存在语言、地理、信息隔阂，消费者在购买商品的时候会陷入难以抉择的境地。比如要买什么，哪些是好产品，如何理解商品背后所代表的生活方式等。商品信息对于消费者来说太复杂、太陌生。跨境交易除了要解决传统电商的供应链、平台销量问题外，用户端的沟通也非常重要，商品信息需要被传递给消费者，网易考拉海购作为一个媒体型电商可以友好地解决信息不对等的现状。“可以用丰富的媒体手段，比如文本、视频甚至网络红人来更好阐述这个商品究竟对消费者好在哪些方面。”

目前，网易考拉海购已探索出从销售商品到生活方式推广的路径。“第一步，让消费者知道买什么；第二步，让消费者买到对的商品；第三步，让消费者感受到，每一次购买行为都与生活密不可分，购买就是改变生活，购买就是生活。”网易考拉海购媒体型电商的媒体基因，与网易大平台共同的海量用户，包括资金、资产以及资本市场资源在内的资本优势，成为网易考拉海购区别于其他电商平台的持续核心优势。

网易考拉海购凭借自营模式、定价优势、全球布点、仓储优势、海外物流优势、充沛资金和保姆式服务七大优势，仅一年就跻身跨境电商第一梯队，并成为增长速度最快的电商企业之一。

(1) 自营模式

网易考拉海购主打自营直采，成立专业采购团队深入产品原产地，对所有供应商的资质进行严格审核，并设置了严密的复核机制，从源头上杜绝假货，进一步保证了商品的安全性。过去的一年里，网易考拉海购已与全球数百个优质供应商和一线品牌达成战略合作。

(2) 定价优势

网易考拉海购主打的自营模式拥有自主定价权，可以通过整体协调供应链及仓储、物流、运营的各个环节，根据市场环境和竞争节点调整定价策略。网易考拉海购不仅要降低采购成本控制定价，还要通过控制利润率来控制定价的策略，做到不仅尊重品牌方的价格策略，更重视中国消费者对价格的敏感和喜好。

(3) 全球布点

网易考拉海购坚持自营直采和精品化运作的理念，在旧金山、东京、首尔、悉尼等地成立了分公司和办事处，深入商品原产地精选全球优质尖货，省去了代理商、经销商等多层环节，直接对接品牌商和工厂，省去中间环节及费用，还采用了大批量规模化集采的模式，实现更低的进价，甚至做到"海外批发价"。

(4) 仓储优势

通过保税的模式，既可以实现合法合规，又能降低成本，实现快速发货，所以能够给跨境电商用的保税仓是稀缺资源。网易考拉海购在杭州、郑州、宁波、重庆四个保税区拥有超过15万平方米的保税仓储面积，为行业第一。同时，位于宁波的25万平方米现代化、智能化保税仓已经破土动工，不久后也将投入使用。目前，网易考拉海购已经成为跨境电商中拥有保税仓规模最大的企业。未来，网易考拉海购还将陆续开通华南、华北、西南保税物流中心。网易考拉海购初步在美国、中国香港建成两大国际物流仓储中心，并将开通韩国、日本、澳大利亚、欧洲等国家和地区的国际物流仓储中心。

（5）海外物流优势

虽说没有自建物流，但在物流的选择上，网易考拉海购把物流配送交给了中国外运、顺丰等合作伙伴，还采用了更好的定制包装箱，让用户享受“相对”标准化的物流服务。网易考拉海购已建立一套完善的标准，通过与中国外运合作整合海外货源、国际运输、海关查验、保税园区运输、国内派送等多个环节，打通整条产业链。

（6）充沛现金

网易负责人在内部表示“在考拉海购上的资金投入没有上限”。网易考拉海购借助网易集团的雄厚资本，可以在供应链、物流链等基础条件上投入建设，同时也能持续采用低价策略。虽然网易考拉海购有网易的雄厚资金做后盾，但其一开始并没有大动作，反而花了大半年的时间，主要集中精力做基础准备工作，如拿地建仓、外出招商、梳理供应链。

（7）保姆式服务

对于海外厂商，网易考拉海购能够提供从跨国物流仓储、跨境支付、供应链金融、线上运营、品牌推广等一整套完整的保姆式服务，解决海外商家进入中国的障碍，省去了他们独自开拓中国市场面临的语言、文化差异、运输等问题。网易考拉海购的目标就是让海外商家节约成本，让中国消费者享受低价。

（五）跨境进口电商模式演变

跨境进口电商正从个人代购发展到 B2C 模式。数据显示，2015 年 B2C 模式的占比为 47.7%，与 C2C 模式的占比几乎持平。2016 年 B2C 模式占比达 58.6%，首次超过 C2C 模式，成为最主要的跨境进口电商模式。2017 年，B2C 模式在跨境进口电商模式中的占比达到 64.4%，如图 3-5 所示。

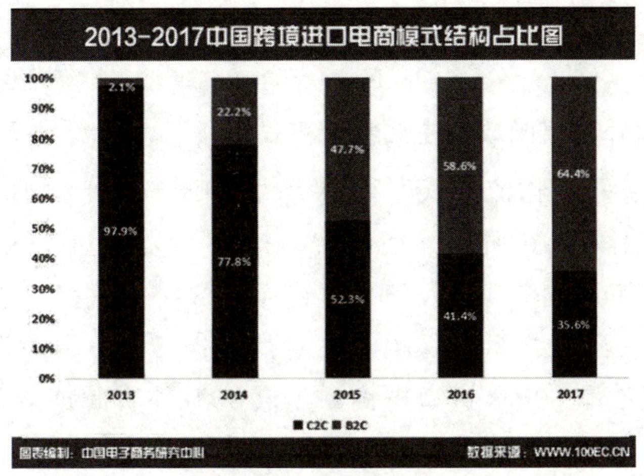

图 3-5 中国跨境进口电商模式结构占比图

其中的原因可以从 3 个角度进行分析。

（1）国家政策层面

2012 年开始，国家开放了第一批跨境进口电商试点城市；2013 年出台支持跨境电商便利通关的政策；2014 年跨境进口电商开始合法化，有明确的税收政策。跨境进口电商逐渐合法化，经营规范化。随着国家对跨境进口电商的规范管理，为符合政策要求，部分 C2C 平台逐步转为 B2C 平台。

（2）投资资本层面

跨境进口电商平台有很大的投资空间，受到投资资本的青睐。据统计，2016 年，跨境进口电商平台获得的单笔融资的平均金额约为 3300 万美元，在披露融资的跨境进口电商平台中有 6 家平台获得亿元人民币以上的融资金额。一些规模较大的 B2C 平台逐渐合并了一些小的 C2C 平台。

（3）商品质量层面

由于 C2C 平台中的产品质量参差不齐，为了满足消费者对商品品质方面的需要，B2C 平台开始兴盛并成为主流。

二、跨境进口电商主要物流模式

（一）海外仓直邮成为主要物流模式

目前跨境网购物流模式主要有海外直邮、海外拼邮、保税进口3种方式，如图3-6所示。而消费者海淘主要通过个人卖家代购、国内跨境进口电商平台以及海外电商平台3种方式。自从2016年4月8日的新政出台之后，保税模式突然遭遇重挫。新政暂缓一年实施消息传出之后，跨境进口电商纷纷转战海外直邮或者国内保税仓模式。

跨境进口电商物流快递体验对比图

评测	海外直邮	保税进口	海外拼邮
商品正品率	较高	很高	不确定
配送速度	较慢	快	较慢
运费价格	高	低	一般
包裹安全性	安全	安全	不安全
适用模式	平台/个人代购	电商平台	个人代购/平台
典型代表	小红书	网易考拉海购 KAOLA.com	洋码头

图表编制：中国电子商务研究中心　中心网址：WWW.100EC.CN

图 3-6　中国跨境进口电商物流快递体验对比图

平台类跨境进口电商，如唯品会、苏宁海外购、美囤妈妈、蜜芽等平台，一般采用海外直邮模式，该模式在海外发货，通过一次性快递配送到位，一般附有商品的采购途径，商品相对靠谱。

平台+自营类跨境进口电商平台，如网易考拉海购、京东全球购、亚马逊海外购、国美海外购，大部分采用保税进口模式，该模式的商品提前备货至国内保税仓，配送速度快，商品正品率高。网易考拉海购在国内拥有最大保税仓储规模，并在海外多个地区布局海外仓。

个人卖家和海外电商平台，一般采用海外拼邮模式，多位不同买家的商品在海外使用同一包裹发货，到境内后再拆分包裹后分开发货，该模式运费低，但物流时间长，商品经过拆分可能面临商品被掉包、破损等问题，安全性最差。

补充小知识

2016 年跨境进口电商布局海外的成就如图 3-7 所示。

2016年跨境进口电商布局海外的成就

平台名称	商品品类及数量	仓储物流
天猫国际 TMALL.HK	3700个品类 63个国家和地区 14500个海外品牌 16个国家和地区馆	保税区、海外仓 、保税区3~7天 、海外直邮7~14天
京东全球购 JD Worldwide	2500多个海外商家 覆盖品牌7300+ 产品遍及40多个国家和地区	美国、加拿大等国家设立海外仓，国内广州、上海、杭州、郑州、宁波设立保税仓
唯品国际	11个国家和地区 设立1600多名的买手团队	产地直采自营 、全球12大海外仓 、国内11大保税仓
网易考拉海购 KAOLA.COM	美妆、日用、母婴、服饰、食品及数码等多种品类，80个国家的5000多个品牌	1.在国内，网易考拉海购拥有中国最大的保税仓储规模，保税面积达到30万平方米左右；跨境行业首家实现”次日达“服务； 2.在海外，网易考拉海购海外仓现已布局辐射东亚、东南亚、北美洲、欧洲和大洋洲
亚马逊 amazon 海外购	超过7万的国际品牌 数百万国际正品	国内13个运营中心，海外购商品全程空运，国内订单拣货-发货时间不超过30分钟，国内拥有500多条干线运输网络
洋码头	80多个国家 数量超过60万件 400个品类	海外仓储、官方物流贝海国际海外直邮、全国建立17个大型国际物流中心、海外直邮平均5天签收完成
聚美优品 JUMEI.COM	超过 100个 海外化妆品牌	天津、郑州、苏州、宁波、前海、深圳6个试点城市 保税仓30天无条件退换货
蜜芽 mia.com	截至2016年，与全球2500个品牌合作	跨境采购、国际物流 保税仓发货 2016年宁波、重庆、苏州三地设保税仓
美囤妈妈	“双11”期间，孕妇洗护类同比增幅427% 美妆个护、家庭生活用品类同比增幅分别为1195%、287%	跨境采购 保税仓发货 海外直邮 72小时完成发货

图表编制：中国电子商务研究中心　　数据来源：WWW.100EC.CN

图 3-7　2016 年跨境进口电商布局海外的成就

（二）各种物流模式的报关纳税

（1）海外直邮的报关纳税

海外直邮主要分为EMS直邮、个人快件和BC直邮（保税直邮）3种模式。EMS直邮的优势是速度较快，也比较稳定，对跨境电商来说比较关键的一点就是，除了抽查，它基本上是不用缴税的；EMS直邮的劣势是价格较高。

个人快件原则上是海外的个人发给国内的个人，用于自身使用的物品，因此这些物品都不需要备案，也不会受到正面清单的约束。但税率很高，根据商品类型分别有15%、30%和60%三档税率，虽然有50元的免征额度，但综合来说依然比跨境电商综合税高得多。

BC直邮是国家主推的一种方式。它相对较快也较稳定，并且合法合规。但每一单都必须缴税，并且需要进行备案，并受到正面清单的限制。

（2）保税进口模式的报关纳税

在该模式下，货物进入保税区后处于保税状态，发货时因有订单、支付单、物流运单以及消费者实名认证信息，所以是按照个人物品出区，不征收关税、增值税。基本流程是货物到岸—报关报检—进海关监管仓—商家销售产品—数据通过试点平台向海关申报—海关审核—发货—消费者收货。

海外直邮与保税进口主要的运作模式如图3-8所示。

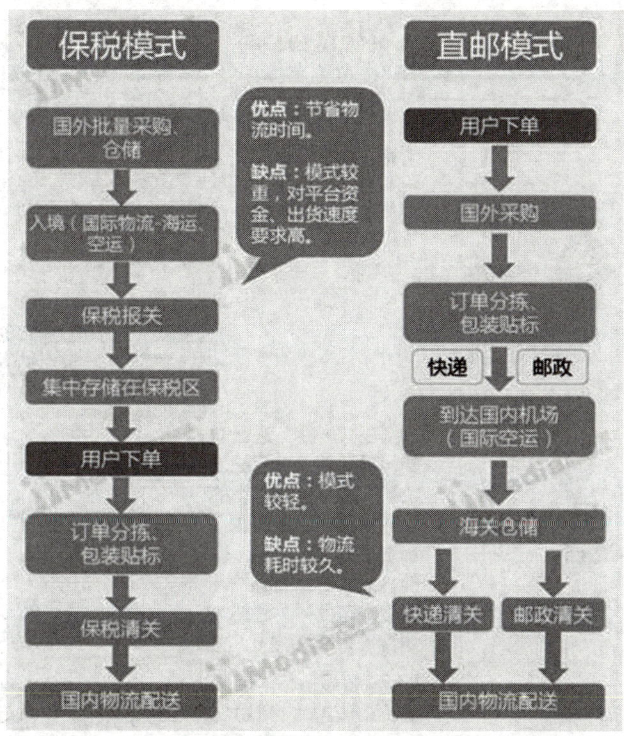

图 3-8　中国跨境进口电商平台的主要物流模式

补充小知识

跨境电商新政对保税模式和直邮模式的影响如图 3-9 所示。

		保税模式		直邮模式	
		单次2000元且年累计20000元以内	单次2000元或年累计20000元以上	能提供“三单”电子信息	不能提供“三单”电子信息
税	关税	0%	全额	0%	—
	消费税+增值税	应税额的70%	全额	应税额的70%	—
	行邮税	—	—	—	三档:15%,30%,60% 50元免征额
通关	通关单	需要在“一线”进区时验核通关单，并且配方奶粉、特殊医疗用途的配方食品、医疗器械、首次进口的化妆品、保健食品等特殊商品，还需要许可批件、注册或备案（暂缓执行）		不需要验核通关单	
影响		虽新政暂缓执行，但从合乎法律法规、贸易公平等角度，特殊商品的许可批件、注册、备案势在必行。以后通过保税模式进行的交易，更多的将会以标品为主要对象		由于直邮不受验核通关单的影响，以后通过其进行的交易，更多的将会是个性化的非标商品	

图 3-9　跨境电商新政对保税模式和直邮模式的影响

三、跨境进口电商主要经营模式

跨境进口电商主要类型对比分析如图 3-10 所示。

跨境进口电商主要类型对比分析					
经营模式		代表平台	模式介绍	优势	劣势
M2C模式：平台招商		天猫国际 TMALL.HK	电商将第三方商家引入平台，提供商品服务	轻资产模式，用户信任度高，商家需有海外零售资质和授权，商品海外直邮，并且提供本地退换货服务	收入仅靠佣金，第三方商家品质难以保障
B2C模式：保税自营+直采		B&G JD.COM 京东	一部分采取自营，一部分允许商家入驻	供应链管理能力强，对爆款标品采取自营，非标品可引进商家，SKU丰富；正品真货、与品牌建立稳固关系、打通了产品的流通环节、规模效应强	重资产模式。品类受限，目前此模式还是以爆品标品为主。
闪购模式		唯品国际	凭借积累的闪购经验及用户粘性，采取低价抢购策略	产品更换快，新鲜度高，客户重复购买率高折扣带来足够的利润空间，容易产生用户二次购买，能够最大化利用现金流	物流成本高，门槛低，竞争激烈
线下转型O2O		苏宁易购 suning.com 国美在线 GOME.COM.CN	依托线下门店和资源优势，同时布局线上平台，形成O2O闭环	和实体店，富有经验的采购团队与线上平台形成协同效应	线上引流能力不足，客户粘性需要长时间培养
直发/直运平台模式		洋码头	客户下单后，海外个人买手或商家从当地采购	不必挤压大量的商品库存，对跨境供应链的涉入较深	管理成本高，商品源不可控，买手的专业性需进一步提高
自营模式	垂直	美囤妈妈	品类的专项化程度高，深耕某一特定领域为主	供应链模式多样化，可选择代采、直采、保税和直邮单一品类细分程度高	前期需要较大资金支持
	综合	网易考拉海购 KAOLA.COM	电商从源头采购商品销售给客户	商品源可控，消费者有保障，一站式购物	毛利水平低，品类选择少，SKU少
C2C代购模式		全球购 G.TAOBAO.COM	客户下单后，海外个人买手或商家从当地采购，通过国际物流送达	现金流沉淀大，通过庞大买手数量扩充SKU	管理成本高，商品源不可控，收入仅为佣金和服务费
导购返利平台模式		值 什么值得买 SMZDM.COM	通过编辑海外电商信息达到引流目的，再将订单汇总给海外电商	比较快地了解到消费者的前端需求，引流速度快，技术门槛低	竞争激烈，难以形成规模

图表编制：中国电子商务研究中心　　数据来源 WWW.100EC.CN

图 3-10　跨境进口电商主要类型对比分析

（一）自营直采型

在商品原产地设立分公司或办事处，直接对接优质品牌商或供应商，经过严格审查，从商品源头杜绝假货，保证商品的安全性。以网易考拉海购为例，如图 3-11、图 3-12 所示。

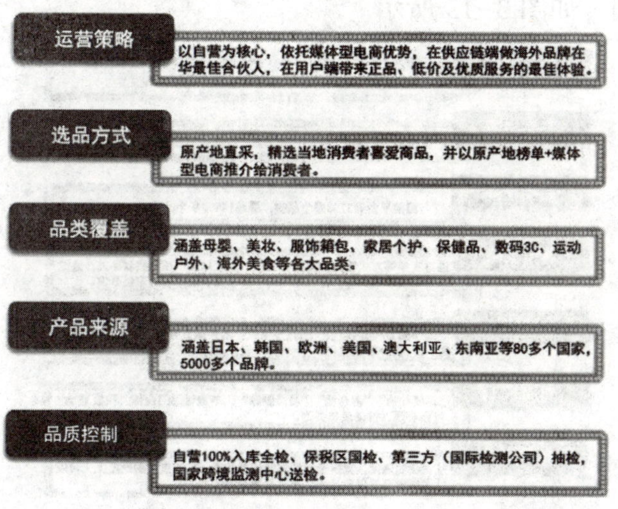

图 3-11　自营直采型电商特点（1）

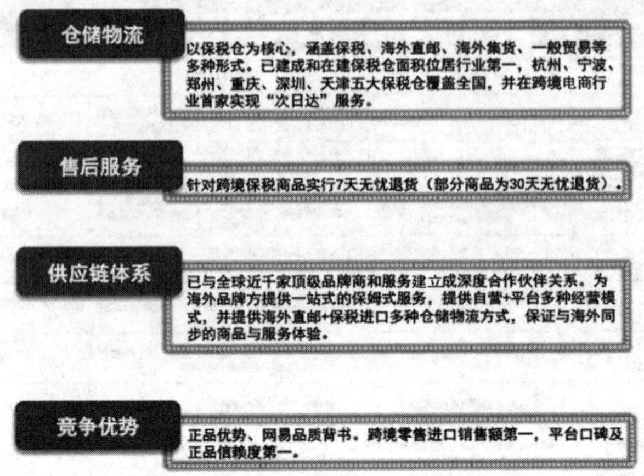

图 3-12 自营直采型电商特点（2）

（二）商家入驻

将产品的制造商或分销商引入平台。电商平台将品牌商家引入平台后，就会帮助品牌监管第三方卖家，比如禁止零售商销售某些品牌的商品，或要求卖家定价不得低于品牌制定的最低售价。平台还会提供各种优惠措施吸引品牌商，比如降低销售佣金费率或者处理费。以天猫国际为例，如图 3-13 所示。

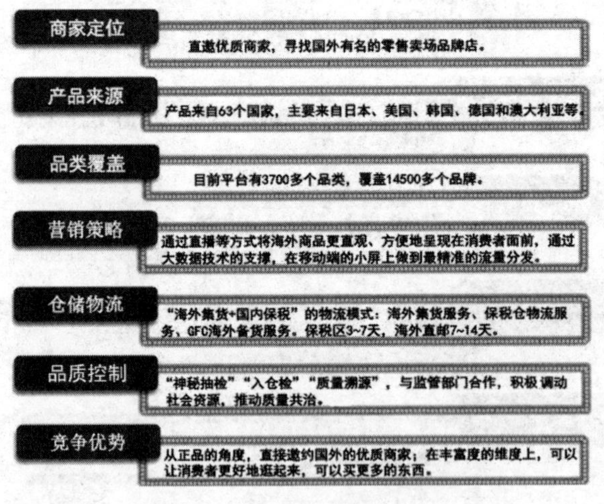

图 3-13 天猫国际的特点

（三）买手制（个人或企业）

个人买手必须具有海外长期居住华人的有效证明，并提交用于身份和地址认证的材料，审核通过后才能成为买手；企业买手必须提交法人合法合规的身份证明、海外注册公司营业执照、海外注册公司地址证明和其他国家法律法规规定的证书等，审核通过后才能成为买手。以洋码头为例，如图 3-14、图 3-15 所示。

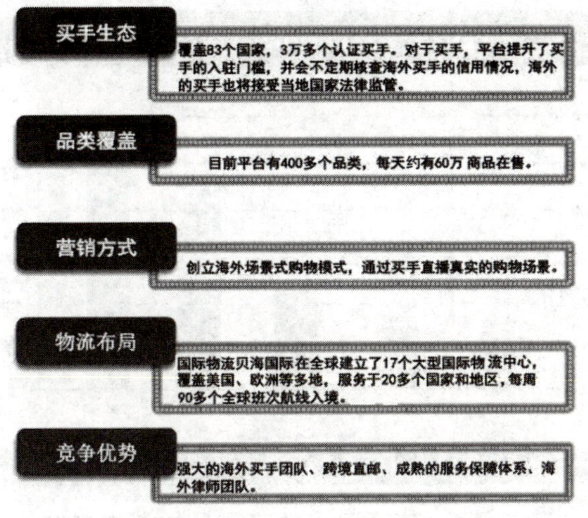

图 3-14　洋码头电商的特点

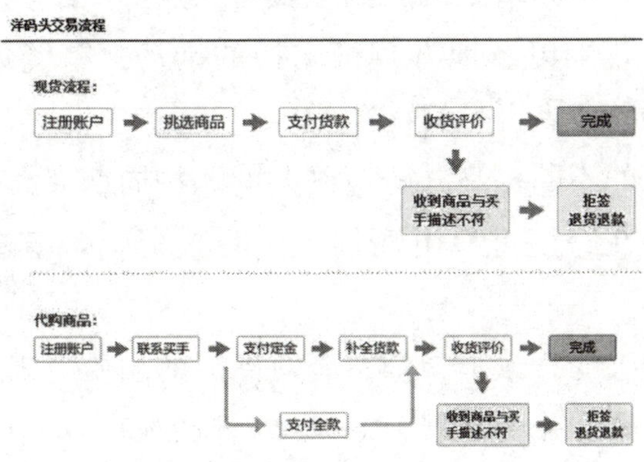

图 3-15　洋码头交易流程

四、跨境进口电商市场用户分析

（一）跨境进口电商用户规模数据分析

数据显示，2016 年我国经常进行跨境网购的用户达 0.42 亿人，同比增长 82.6%，人数大幅度增长。2017 年用户数量达到 0.59 亿人，如图 3-16 所示。

图 3-16　跨境网购进口商品的用户规模

跨境网购用户不断增长的原因主要有 5 点。

①由于国家政策以及地方政策支持的推动，跨境进口电商发展迅速，越来越多的消费者开始海淘购物。

②物流速度的不断提高，跨境网购的购物周期大大缩短。

③资本不断在跨境进口电商领域进行投资，跨境进口平台运营发展得越来越好。

④在消费升级的背景下，消费者对商品的品质越来越看重。

⑤随着经济全球化的发展，海外高质量的商品被中国消费者熟知。

（二）跨境进口电商用户性别占比

数据表明，2016 年跨境网购用户，男性比例约占 62.6%，女性比例约占 37.4%。男性消费者较于女性消费者来说，更倾向于跨境购物。在海淘商品的选择上，男性更加偏向选择数码类、运动类、保健类等产品，且更关注商品的性价比和商品的性能；女性则更加偏向服装、化妆品、母婴商品以及轻奢类产品，且更注重商品品质与购物体验。

（三）跨境进口电商用户主要区域分布

数据显示，跨境网购用户主要集中在广东地区，占比为 14.1%，上海地区占比为 13.2%、北京地区占比为 12.2%。其余省份，江苏省占比为 9.2%，山东省占比为 7.2%，浙江省占比为 5.2%，福建省占比为 4.9%，河北省占比为 3.7%。

跨境网购用户主要集中在东部地区。东部地区较早受到国家政策的支持，经济较发达，跨境进口电商起步早，条件优越，消费能力强，消费者更追求品质生活。

（四）跨境进口电商用户偏爱商品的分布

数据显示，2016 年跨境网购用户最爱购买的是美妆护理、母婴产品、鞋子、服装、食品、饰品箱包，其中美妆个人护理以及母婴产品是消费占比最高的品类。

根据跨境网购用户的属性，年轻的消费者、“奶爸”“奶妈”是消费主体，“脸面”消费与家庭消费成跨境网购的主流。美妆个护产品以及母婴产品也自然成为消费热点。

随着中国社会经济的持续发展，人们的生活质量越来越高，跨境网购也越来越普及，跨境进口电商平台的商品品类会越来越多。进口电器、进口家居、进口轻奢品等也将逐渐成为中国跨境网购用户的选择。

第二节 跨境出口电商市场分析

一、跨境出口电商市场规模分析

（一）中国出口电商跨境市场交易规模

2011–2016 年中国出口跨境电商市场交易规模如图 3–17 所示。

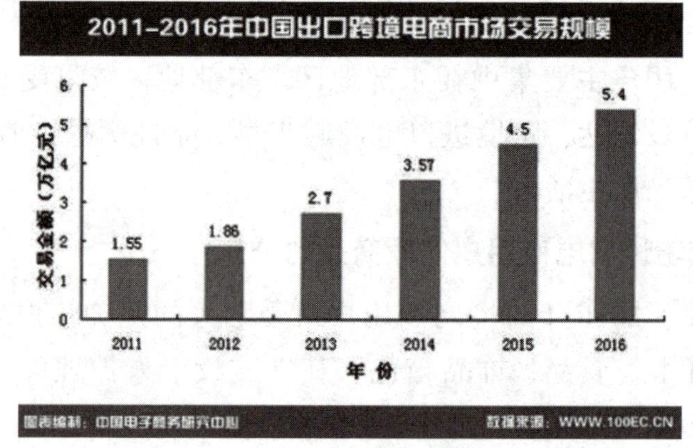

图 3–17　2011–2016 年中国出口跨境电商市场交易规模

（二）出口跨境电商 B2B 规模

出口跨境电商 B2B 仍为主流模式，如图 3–18 所示，但是 B2B 信息服务模式瓶颈凸显，价值提升空间有限。近年来欧美经济低迷、外币贬值等因素导致出口增速不断放缓，以收取会员费及竞价排名费为主的信息服务型电商成长瓶颈已经凸显。纯信息服务模式升级为一站式综合贸易服务是必然，综合贸易服务类变现率高于纯信息服务。

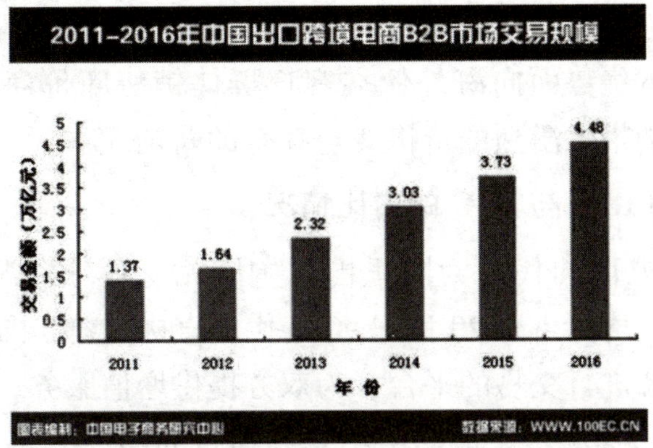

图 3-18 2011-2016 年中国出口跨境电商 B2B 市场交易规模

（三）跨境出口电商网络零售规模

跨境出口电商的网络零售规模（见图 3-19）占比小，短期难为主流。出口 B2C 电商受客群和体验限制占比小，该类模式面向海外低端客群，以 3C、服饰品类为主，增速趋于平稳。行业面临竞争及成本瓶颈，短期内难为主流。

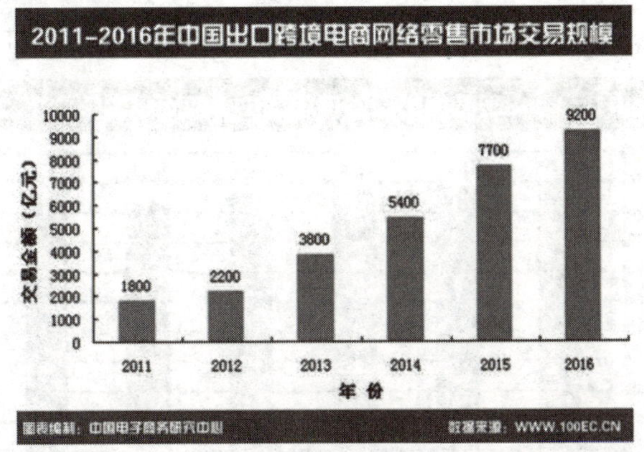

图 3-19 2011-2016 年中国出口跨境电商网络零售市场交易规模

主要原因在于海外竞争激烈，品牌化之路漫长。出口 B2C 的主要市场美国/欧洲等本土零售市场高度发达，沃尔玛/亚马逊等行业巨头商品供应链效率已达到极致，分散且小的出口 B2C 欠缺抗衡实力。

另一方面，低质低价难以持续，营销成本持续高企①。出口 B2C 依托中国制造成本优势面向海外低端客户群体销售廉价商品，但商品同质化、低质倾销带来激烈的价格战与高企的营销成本。

（四）出口 B2B 与 B2C 的占比情况

出口 B2B 电商的代表为阿里巴巴国际站、环球资源、环球市场、中国制造网等，均诞生于 20 世纪 90 年代，直接搭建起国内生产商与国外大批量采购者进行交易的平台，为双方提供增值服务。

出口 B2C 电商起步于最初中小卖家通过 eBay、亚马逊向国外消费者销售具有低价优势的“中国制造”产品，凭借中国制造红利和初期低流量成本，在跨境电商市场中一路高歌。2008 年金融危机爆发，行业面临需求不振、成本提升的双重危机，遭遇第一次洗牌，经营效率高、用户体验好的企业顺利度过危机，开始探索差异化的产品策略。

目前，中国出口跨境电商品类以成本优势强、标准化程度高的 3C 电子/服饰/户外用品等为主。2011-2016 年中国出口跨境电商 B2B 和网络零售占比如图 3-20 所示。以标准品为主的出口产品结构符合跨境电商的发展特征，标准品因其品类的统一性而天然地适合用互联网进行推广和销售。

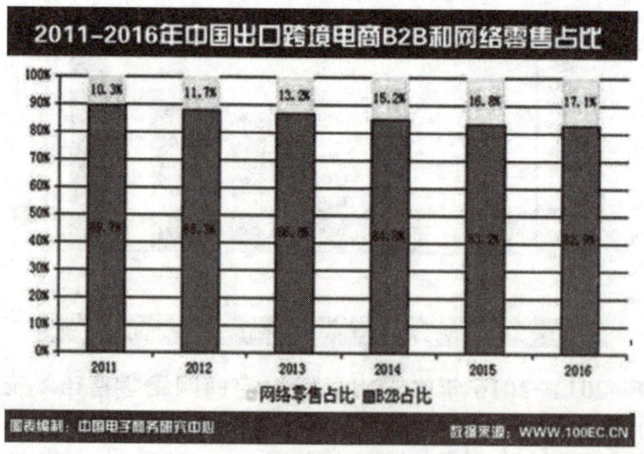

图 3-20　2011-2016 年中国出口跨境电商 B2B 和网络零售占比

① 高企：指价位持续停留在较高的位置，且有再升高的可能。

二、主流跨境出口电商平台

（一）全球速卖通

全球速卖通（英文名：AliExpress）于2010年4月正式上线，是阿里巴巴旗下唯一面向全球市场打造的在线交易平台，为了帮助国内中小企业接触终端批发零售商，小批量多批次快速销售，拓展利润空间，将订单、支付、物流融于一体。全球速卖通业务有B2B模式和B2C模式，但主要是B2C模式，是中国供货商面向境外消费者交易的一种小额跨境电商，目前只向已付费的中国供货商会员开放，因此全球速卖通也被广大卖家称为“国际版淘宝”。

全球速卖通自成立以来，在海外电视、报纸、杂志以及欧美主流网站投放了巨额广告，在谷歌投入了数十万热卖产品关键词，利用SNS、电子邮件的方式扩大海外影响力，精准锁定海外买家。经过近几年的迅猛发展，目前已成为中国最大、全球第三大英文在线购物电商平台。

按传统的国际贸易模式看，外贸的交易从制造、贸易、出口、进口、批发到零售，中间有一根长链条，而跨境B2C电子商务零售模式，从制造商（代理商）直接到国外消费者，省掉了中间所有环节，国外消费者直接面对中国供货商。因此，商品的价格低，消费者选择机会多，再加上买卖程序简便等，速卖通业务具有传统国际贸易模式所不具备的众多优势，在当前电子商务发展的大浪潮中，具有很强的生命力。

全球速卖通有着传统国际贸易业务模式无法比拟的一些优点。

①操作简捷、进入门槛低，交易活跃，能满足众多小商家迅速做出口业务的愿望。全球速卖通是阿里巴巴系列的平台产品，整个中英文版操作页面简单整洁，适合初级卖家上手操作。另外，阿里巴巴一直有非常好的社区和客户培训体系，可以快速入门。速卖通平台对卖

家没有企业组织形式与资金的限制，进入门槛低。公司、SOHO、个人都可以在平台上发布产品。发布 10 个产品后，卖家就可以在平台上成立自己的店铺，直接面向全球 200 多个国家和地区的消费者或小型商家，沟通、交流、发布、推广商品，订单反应迅速，交易活跃，这极大地满足了中国小供货商迅速做出口业务的愿望，也刺激了双方交易的活跃性。

②交易流程和手续简便。速卖通的一大优点就是做出口省力了，交易程序非常简便。出口商无须为企业形式，也无须外经贸委和外汇管理局等备案，无须出口报检。出口报关、进口报关全由物流方简单操作完成。买卖双方的订单生成、发货、收货、支付，全在线上完成。双方的操作模式，犹如国内的淘宝操作，非常简便。卖家通过第三方物流迅速发货，买家通过银行卡进行交易支付。双方不需要 T/T、信用证、贸易术语等外贸专业知识。进出口业务的门槛低了。

③无关税支出。由于速卖通业务的单笔订单成交金额少，因此送出去的包裹价值普遍较低，没有达到进口国海关的关税最低起征点，因而无关税支出，这大大降低了消费者的购买成本。速卖通平台上的商品具有较强的价格竞争优势。

④商品选择品种多，价格低廉。鉴于中国制造业的聚集优势，中国目前是全球众多国家销售商品的货源国。国外消费者利用网络和 AliExpress 平台，越过自己国家的零售、批发商，直接向货源的供应基地——中国供货商购买产品，可选择的商品品种多，价格低廉。因此，全球速卖通业务和传统国际贸易业务相比，具有无比强大的市场竞争优势。

⑤近期无贸易摩擦压力。由于速卖通业务订单金额小，因此商品往往以礼品或样品方式进入进口国，其对进口国的同类产业影响较小。因此，近期来看，小额跨境电商可以避免中国产品出口到国外的国际贸易摩擦问题。

但长期来看，若进入该国的商品量太大，也将会对进口国的产业形成冲击，进口国警觉后，也会迅速行动，对中国施加压力，产生国际贸易摩擦问题。因此，关于全球速卖通业务是否会形成贸易摩擦的问题，结论是近期无贸易摩擦压力，但长远来看，导致国家间贸易摩擦也是必然。

（二）亚马逊

亚马逊公司（英文名：Amazon）是美国最大的一家网络电子商务公司，位于华盛顿州的西雅图，是网络上最早开始经营电子商务的公司之一。亚马逊成立于 1995 年，一开始只经营书籍销售业务，现在则扩及范围相当广的其他产品，已成为全球商品品种最多的网上零售商和全球第二大互联网企业。2004 年 8 月，亚马逊全资收购卓越网，使亚马逊全球领先的网上零售专长与卓越网深厚的中国市场经验相结合，进一步提升了客户体验，并促进中国电子商务的成长。

亚马逊是全球最早建立的跨境电商 B2C 平台之一，对全球外贸的影响力非常大，中国外贸人选择跨境 B2C 平台时，首先认识的也是亚马逊，那时候也还没有速卖通等其他新兴平台。亚马逊对卖家产品的要求比较高，比如产品质量、品牌，交易手续比较复杂，规定后期收款的账户必须是英国、美国等国家的账户。卖家想要注册成为亚马逊的供应商一般需要注意如下 5 点。

①选择亚马逊平台最好有比较好的供应商合作资源，供应商品质需要非常稳定，最好有很强的研发能力，因为亚马逊坚持“产品为王”这一经营理念。

②接受专业的培训，了解开店政策和知识，亚马逊的开店比较复杂并且有非常严格的审核制度，如果违规或者不了解规则，不仅会有封店铺的风险，甚至会有法律上的风险，所以建议大家选择一家培训公司先培训再登录。

③需要有一台电脑专门登录亚马逊平台账号，一台电脑只能登录一个账号，不然会跟规则有冲突。最好用座机验证新用户注册。

④最重要的事情是选择亚马逊平台需要一张美国的银行卡，亚马逊平台上的店铺产生的销售额是全部保存在亚马逊自身的账户系统中的，要想把钱提出来，卖家必须要有美国本土银行卡。解决这个问题也比较简单，外贸人一般都有一些海外客户资源，包括客户、海外的朋友，通过他们解决这个问题也不是特别困难的事情，国内也有一些代理机构做这样的服务。

⑤流量是关键，亚马逊平台流量主要分内部流量和外部流量两类，类似于国内的淘宝，同时应该注重 SNS 社区的营销，软文等营销方式也比较有效果。

总结一下：一般建议选择亚马逊平台的卖家要有很好的外贸基础和资源，包括稳定可靠的供应商资源，美国本土的人脉资源，卖家最好有一定的资金实力，并且有长期投入的心态。

亚马逊作为老牌的电子商务公司、跨境电商的鼻祖之一，它还是具有自己一定的优势。

①亚马逊一直坚持着“顾客至上”的经营理念。这点可以从两个方面来看：首先，线上线下服务相结合。亚马逊平台拥有出色的服务软件系统，为的就是向客户提供更便捷的服务。亚马逊网站的职员在服务和建立用户关系上花费的时间、金钱和精力与他们做销售和装运是同样多的。当一个顾客需要援助时，譬如说查询一个书名、一个错误地址等，公司鼓励员工不厌其烦地提供超标准的服务。当一个顾客想要得到帮助时，就由服务人员接替机器的工作——亚马逊全体人员中有 20%的人专门负责回答从电子邮件中心来的查询；其次，离线配送也体现了顾客至上的理念。不仅可以免收运费还可以无条件退货，正是这些为客户着想的服务，吸引了成千上万的新客户和回头客。

②高质量、数量庞大的数据库。亚马逊有大约 20%的员工是做软件开发工作的，从图书检索系统、购买系统到付费系统，“一键购物”“个人推荐”“个人爱好管理”“E-Card 服务”“Amazon-Wedding”“Your Amazon Home”等，每一部分都是精心设计的，他们的辛勤工作

保证了亚马逊网站服务的安全可靠和功能的强大。

从丰富的检索途径、灵活的营销手段，到可靠的付款方式和物流配送手段，全面周到的服务都证明亚马逊是一个优秀的跨境电商平台。

（三）eBay

eBay（中文名为易贝）是一家美国电子商务公司，1995 年 9 月创立于加利福尼亚州圣荷西，是一个可让全球民众上网买卖物品的线上拍卖及购物网站。作为国际零售跨境电商平台的 eBay 基本上可以等同于“国外的淘宝”。对于国际零售的外贸人来说，eBay 的潜力还是巨大的，因为 eBay 的核心市场在美国和欧洲，是比较成熟的市场，eBay 的开店手续相对于亚马逊而言也不是特别麻烦。

但是 eBay 有一个非常严重的问题就是 eBay 的规则严重偏心买家。如果产品出现严重售后问题的话，很容易出现损失。比如登录 eBay 平台会遇到一个核心的问题，就是付款方式的选择，现在普遍选择的是 PayPal 这个付款方式，但是这个付款方式也存在一定风险，特别对于 eBay 来说，经常有这样的实际案例，遇到买卖有争议的时候，eBay 最终偏向买家，卖家损失惨重。

在 eBay 平台开店成功的关键是选品，eBay 主要的市场是美国和欧洲，所以在 eBay 平台开店前最好做个市场调研，一般可以通过如下几个方法做调研。

①总体研究一下 eBay 整个市场的行情，结合自己的供应链特点深入分析。

②对美国和欧洲市场的文化、人口、消费习惯和消费水平进行研究，从而选择有潜力的产品在 eBay 进行销售。

③选择一些 eBay 的热销产品，对产品渠道、产品价格仔细研究，分析自己如果做的话优势在哪里。

④充分考虑热销产品的市场优势和未来销售潜力，因为选择一个产品需要对投入精力和资本的长期周期进行考虑。

⑤对产品在美国和欧洲市场的利润率和持续性进行考虑，深入研究产品品类。

eBay 对于外贸人来说优势和局限性都很明显，体现在以下 4 个方面。

①登录 eBay 的开店门槛比较低，但是需要准备的材料和手续比较多，比如发票、银行账单，所以需要对 eBay 的规则有非常清楚的了解。

②eBay 开店是免费的，但是上架一个产品需要收钱，这跟国内淘宝的区别还是很大的。

③eBay 的审核周期很长，一开始不能超过 10 个产品上架，而且只能拍卖，需要积累信誉才能越卖越多，而且出业绩和出单周期也很长，长时间的积累有时候让卖家受不了。

④如果遇到投诉是最麻烦的事，店铺因此被封掉是经常有的事情，所以产品质量一定要过关。

总结一下，选择 eBay 有一定的地区优势，比如产品目标市场在欧洲和美国。eBay 的操作比较简单，投入不大，适合有一定外贸资源的外贸人做跨境电商。

（四）Wish

Wish 总部位于美国，是一家新兴的基于移动互联网的 B2C 跨境电商平台。主要靠价廉物美吸引客户，在美国市场有非常高的人气和非常多的市场追随者，核心的产品品类包括服装、珠宝、手机、礼品等，大部分都是通过中国发货。Wish 的主要吸引力就是价格特别便宜，同时 Wish 平台个性化的推荐方式且产品品质比较好也是平台短短几年发展起来的核心因素。

Wish 平台近年来取得的成绩还是惊人的：其 97%的订单量来自移动端，APP 日均下载量稳定在 10 万，峰值时冲到 20 万，目前用户数已经突破 1 亿。用 2 年多的时间便创造了超过 1 亿美元的平台交易额。这样的成功得益于 Wish 尽管完全没有传统 PC（个人电脑）端购物平台的设计经验，却不带任何包袱地开拓移动端市场。移动端最大的特点就是“随时随地随身”，进而带来碎片化需求，某个手机用户可能仅仅是想在等电梯的30秒内在购物APP上逛逛。这个时候，如果能够了解用户偏好，并据此推荐相关商品给用户，则能够极大地增加用户“冲动性”下单的可能性。所以Wish有自己独特的经营模式。

①不同于亚马逊、eBay、全球速卖通等跨境电商平台，Wish有更多的娱乐感，有更强的用户黏性。亚马逊、eBay等平台是由PC端发展起来的传统电商，更多地注重商品的买卖交易。Wish虽然本质上也是提供交易服务的电商平台，但其专注于移动端的“算法推荐”购物，呈现给用户的商品大都是用户关注的、喜欢的，每一个用户看到的商品信息不一样，同一个用户在不同时间看到的商品也不一样。

②不同于Wanelo等社交导购网站，Wish不依附于其他购物网站，本身就能直接实现闭环的商品交易。用户在社交导购网站Wanelo上发现自己喜欢的商品后，如果需要购买，则会跳转到相应的购物网站上，无疑妨碍了购物体验。Wish利用智能推送技术，为APP客户推送他们喜欢、收藏的产品，真正做到点对点的推送，所以说客户下单率非常高，而且满意度很高。而且Wish有一个优点，就是它一次显示的产品数量比较少，这样对于客户体验来说是非常不错的，因为客户本质上也不想在他们不喜欢或者不需要的产品上花太多时间，国内的淘宝网需要学习这点。Wish通过精准营销使国内的卖家短期内销售额暴增。

③不同于Pinterest等社交图片网站，Wish提供商品的购买服务。在Pinterest上，用户可以收集并分享自己喜欢的图片，但如果想要拥有图片上的商品，却只能通过其他渠道去购买。Wish上面也有大量的精美商品图片，但只要用户喜欢，便可以随时购买。

这就是为什么Wish能够在硅谷众多的初创企业中脱颖而出，成为移动端平台的一匹“黑马”，让亚马逊、eBay这样的电商鼻祖也能为之一惊。作为刚刚转型不久的跨境电商交易平台，Wish显然在物流、支付甚至平台规则等方面存在很多不足。《华尔街日报》就曾经指出，从送货速度来说 Wish 远不如亚马逊，亚马逊不断加快发货速度，可以最快一个小时就到达，而 Wish 的供应商则是向顾客保证几周之内产品会送达，有时候还会延期。对于 Wish 来说，当务之急是尽快完善这些短板，以避免对用户的购物体验带来伤害。从长期来看，Wish 要做的是在推荐购物算法方面深耕细作，将其打造成对手无法复制的核心竞争力。

其实 Wish 最初仅仅是一个收集和管理商品的工具，就是基于 APP 的火爆，最终发展成了一个跨境交易平台，并且越来越火爆，对于中小零售商来说，Wish 的成功会让大家明白移动互联网的真正潜力。

（五）名客来

名客来（www. makeronly. com）是国内新兴的 M2B 跨境电商平台，是专门为优质的生产工厂服务的高端国际贸易平台。通过名客来，会员工厂可以获得大量的国外采购商的信息，直接和采购商洽谈出口订单，建立自己的出口渠道，树立自己的出口品牌。

名客来以打造“客户信赖的国际贸易平台”为愿景，严格把关入住平台的每一家会员工厂，入驻的会员工厂必须满足 5 个条件：（1）必须是制造型工厂；（2）工厂注册成立 3 年以上；（3）产品质量好，符合相关的国内行业标准和国际行业标准；（4）工厂本身有一定的资产规模；（5）工厂的信誉良好。名客来只允许工厂即制造商入驻，贸易商是不允许入驻的，并且每家工厂都实名，可查、可追溯，保障了产品质量，解决了国际贸易中的“信任问题”。

成为名客来的会员工厂，就是进入了高端的国际市场俱乐部。“平台+服务”是名客来的特色，名客来在为会员工厂提供产品展示、信息发布、采购商信息推送等基础服务的同时，还为会员工厂提供中国贸促会出口品牌认证、外贸托管、外贸培训、国际会展、海外云、收汇、物流、报关、融资、退税等特色服务。这些特色服务包括了国际贸易的每一个环节，能够切实解决会员在做出口过程中遇到的各种问题。

平台关注世界工厂利益，将中间商省去，实现制造商与买家的直接沟通，最重要的是平台上是不提供价格的，具体价格需要制造商与买家商议，避免了出现价廉质低的现象，从而提高交易效率，节约交易成本。

中国的广大优质制造工厂可以通过名客来建立出口渠道，树立世界知名品牌。

三、跨境出口电商市场用户分析

（一）跨境出口电商整体贸易对象

2016 年，我国跨境出口电商出口的三大市场分别为美国、俄罗斯和西班牙。其中，出口俄罗斯的交易额占比由 2015 年的 16% 上涨至 21%，基本与出口美国的交易额持平。出口交易额增速最快的市场是巴拉圭，增长了 10 倍以上。表 3-1 为 2016 年我国跨境出口电商交易额增速排名前 10 名的市场[①]。

表 3-1　2016 年我国跨境出口电商交易额及其增速前 10 名的市场

名次	2015 年我国跨境出口电商交易额前 10 名的市场	2016 年我国跨境出口电商交易额前 10 名的市场	名次	2015 年我国跨境出口电商交易额增速前 10 名的市场	2016 年我国跨境出口电商交易额增速前 10 名的市场
1	美国	美国	1	拉脱维亚	巴拉圭
2	俄罗斯	俄罗斯	2	智利	多米尼加
3	巴西	西班牙	3	斯洛伐克	摩洛哥
4	西班牙	法国	4	保加利亚	荷兰
5	英国	英国	5	斯洛文尼亚	阿根廷
6	加拿大	巴西	6	立陶宛	菲律宾

① 数据来源：清华大学电子商务交易技术国家工程实验室发布的《2017 年中国跨境电商出口 B2B 发展报告》

续表

名次	2015 年我国跨境出口电商交易额前 10 名的市场	2016 年我国跨境出口电商交易额前 10 名的市场	名次	2015 年我国跨境出口电商交易额增速前 10 名的市场	2016 年我国跨境出口电商交易额增速前 10 名的市场
7	法国	以色列	7	韩国	巴基斯坦
8	以色列	加拿大	8	哈萨克斯坦	斯里兰卡
9	白俄罗斯	荷兰	9	印度	南非
10	智利	乌克兰	10	摩尔多瓦	加纳

从各大洲排名前 5 的市场的综合指数来看，2016 年俄罗斯超过美国，排名第一，加拿大和巴西较 2015 年出现了较大的下降，如表 3-2 所示。

表 3-2　2016 年我国跨境出口电商各大洲综合指数排名前 5 的市场

国家（地区）	2015	2016	国家（地区）	2015	2016
北美洲			非洲		
美国	83.49	81.14	南非	27.31	37.10
加拿大	51.81	39.30	摩洛哥	25.97	32.06
墨西哥	34.44	35.59	加纳	27.86	27.12
哥斯达黎加	25.37	25.70	尼日利亚	22.06	23.35
洪都拉斯	18.22	24.67	几内亚	14.27	22.98
南美洲			欧洲		
巴西	61.28	45.48	俄罗斯	77.48	88.20
巴拉圭	10.71	40.92	法国	50.61	54.01
智利	46.84	39.84	荷兰	41.26	52.80
阿根廷	20.54	38.10	西班牙	62.82	49.90
哥伦比亚	28.03	32.62	乌克兰	36.45	47.74
大洋洲			亚洲		
澳大利亚	38.17	39.31	以色列	49.07	47.65

续表

国家（地区）	2015	2016	国家（地区）	2015	2016
新西兰	35.34	36.99	土耳其	44.17	41.38
美属萨摩亚	26.40	32.73	印度尼西亚	31.22	36.94
斐济	17.24	23.49	沙特阿拉伯	35.36	36.19
法属波利尼西亚	12.73	22.06	黎巴嫩	37.80	35.70

（二）跨境出口电商产品结构

随着产业发展及贸易环境的变化，2015-2016 年跨境出口电商的品类指数有了新排名。2016 年跨境电商出口商品规模及增长的主要类别集中在手机及其附件、服装、母婴、健康美容、家居、消费电了以及运动户外等二十几个大类。

从规模及增速的综合指数看，排名提升明显的类别主要是电玩游戏和鞋类产品，而下降明显的主要是箱包及箱包辅料和时尚配件类，如表 3-3 所示。

表 3-3　2016 年主要贸易类别规模及增速排名

名次	贸易品类	2015	2016	名次变化
1	手机和手机附件	89.38	91.69	-
2	服装	79.55	91.58	↑1
3	健康与美容	73.96	89.62	↑1
4	母婴用品	58.35	80.07	↑2
5	家居与花园	82.47	75.72	↓3
6	消费类电子	63.54	72.34	↓1
7	运动与户外产品	47.70	56.73	↑2
8	美发制品	50.58	54.64	↓1
9	计算机和网络	41.28	51.56	↑2
10	珠宝	50.57	44.65	↓2

续表

名次	贸易品类	2015	2016	名次变化
11	汽车、摩托车	37.40	43.37	↑ 1
12	表	29.33	38.72	↑ 2
13	商业及工业	35.65	36.97	–
14	鞋类及鞋类辅料	25.24	32.53	↑ 4
15	玩具与礼物	28.01	27.82	–
16	箱包及箱包辅料	44.17	27.55	↓ 6
17	电玩游戏	15.62	25.10	↑ 3
18	照明灯饰	28.00	23.48	↓ 2
19	数码相机、摄影器材	22.16	21.89	–
20	安全与监控	14.42	18.97	↑ 1
21	婚纱礼服	11.28	15.62	↑ 2
22	时尚配件	26.69	12.79	↓ 5
23	乐器	11.55	10.90	↓ 1

全球买家对中国商品的兴趣清单

跨境电商平台以全球总交易额数据为依据，整理出一份全球跨境网购消费者对中国商品的兴趣清单。以美国、英国、澳大利亚为代表的成熟市场，以及包括以色列、阿根廷、挪威在内的新兴市场，热销的中国商品不尽相同，但服饰、鞋帽及配饰这一大品类在各个国家市场均排在第一位。

据悉，在美国市场，最热门的五大细分品类依次为服装及配饰，手机及配件，珠宝、首饰、手表，电脑，电子消费产品，如图 3-21 所示。

美国　美国市场细分品类 TOP5

TOP1 服装及配饰

TOP2 手机及配件

TOP3 珠宝、首饰、手表

TOP4 电脑

TOP5 电子消费产品

图 3-21　美国市场畅销品类前 5 名

在英国市场，最畅销的产品除了鞋服及配饰，还包括家装用品、电脑、通信类。其中，家装用品和电脑两大品类分别排名第二和第三。

而在澳大利亚，汽车配件则挺进了细分品类排名前 5 的榜单。

从新兴市场来看，服装、手机、消费电子产品等仍是最主要的商品，基本与成熟市场重合，但在排名上有所差别。

在以色列，服装、鞋帽及配饰最畅销，其次为手机及配件，电子消费产品，电脑，珠宝、首饰、手表，如图 3-22 所示。

以色列　以色列市场细分品类 TOP5

TOP1 服装、鞋帽及配饰

TOP2 手机及配件

TOP3 电子消费产品

TOP4 电脑

TOP5 珠宝、首饰、手表

图 3-22　以色列畅销品类前 5 名

在阿根廷，前五大热门品类中商业类排在第四位，仅次于服饰、电子消费品和电脑。

此外，在北欧市场的代表挪威，汽配成为第二大受欢迎的品类。

德国跨境电商市场分析

在经过长时间的市场培养和积累之后，德国消费者对于在线购物的热情开始井喷，外加德国移动电子商务的高度普及，都助推了电子商务在德国（见图 3-23）的发展。占据欧洲市场 25%消费体量的德国成为继美国和英国之后，最受跨境电商青睐的新热土。

图 3-23　德国成为跨境电商新热土

作为跨境电商支付圈的一分子，MasaPay 也一直在学习和分析不同国家的电商环境，以期能更好地解读不同市场，做好服务工作。借着德国报告的出炉，让我们一起了解下。

(1) 除了还没挣钱的，一大半德国人都爱网购

乍一看，图 3-24 就是德国人口年龄的分布图，而在德国在线购物年龄划分上，这张图意义重大。在德国，5400 万网民中，10 岁以上的网民有 55%至少有过一次或多次网购经验。其中，24~54 岁年龄段的德国网民尤其热衷网上购物，该年龄段只有 15%的人没有进行过网上购物，随着在线购物在德国的进一步发展和深入，这个比例将越来越低。

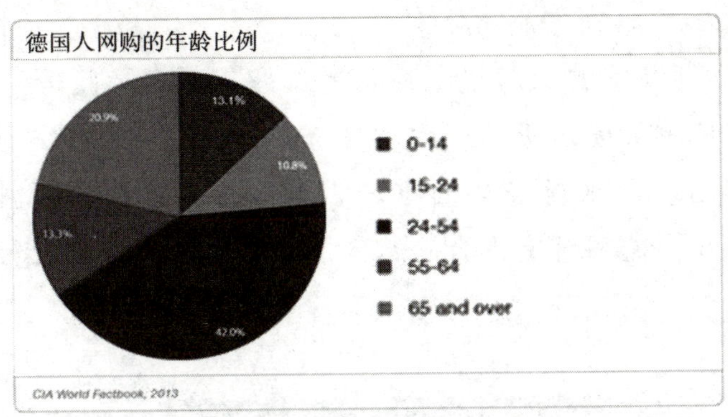

图 3-24　德国人按年龄划分的网购比例图

无论在哪儿，引导老年人进行网购都是一件颇为困难的事情。在德国，电商们完全没有这种担忧，德国 55～69 岁的老人中，网购族占了 40%，而随着移动端在线购物的不断优化，这一数字也将不断递增。

（2）活到老学到老的德国网民

在中国出口跨境电商的畅销榜上，Made in China 的流行服饰和婚纱礼服远远领跑其他品类，这一点在 MasaPay 服务的企业类别中得到明显体现。

而在众多国家拔得头筹的流行服饰，在德国却吃了闭门羹，如图 3-25 所示，德国在线销售第一名的不是服饰，是书籍！流行服饰以 2.2% 的差距屈居第二。

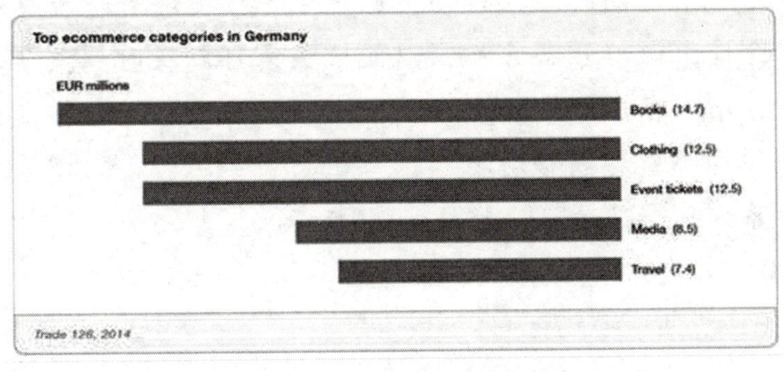

图 3-25　德国畅销品类前 5 名

（3）在线零售商家厮杀惨烈

图 3-26 再次向广大跨境电商传达了一个重要的信号——亚马逊德国依然是网民们最爱消费的地方。作为在德国拥有 1.9 万名员工、9 个大仓的亚马逊，以绝对强势的市场占有量笑傲江湖。除亚马逊之外，排行榜其他 9 个德国自有平台的总体销售额只能勉强和它打个平手。

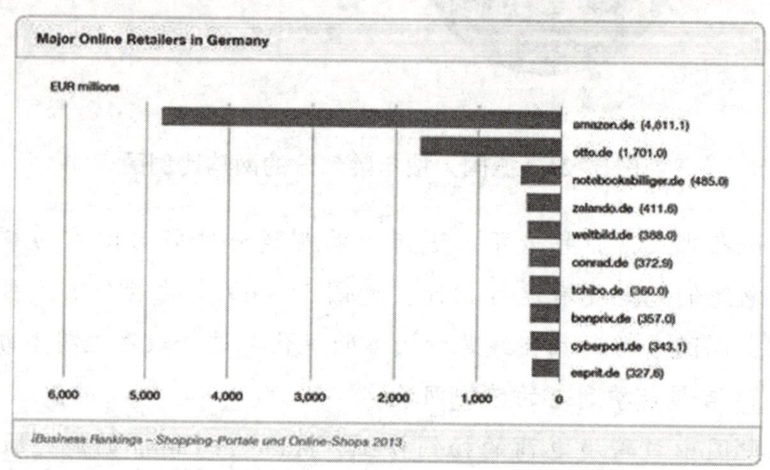

图 3-26　德国主要在线平台

但是，来自亚马逊德国 5 大仓库的 2300 名员工罢工了！在圣诞购物高峰季节，网民们不淡定了，为确保能及时收到购买的商品，很多买家开始转投 Otto、Zalando 等平台。

欧美人士不定期的维权行动，也分分秒秒提醒着跨境电商们必须在物流、仓储上做好预备方案，以便让买家可以及时收到货物，提升服务质量，增加客户黏性。

（4）安卓系统称霸移动圈

安卓系统称霸移动圈，如图 3-27 所示。

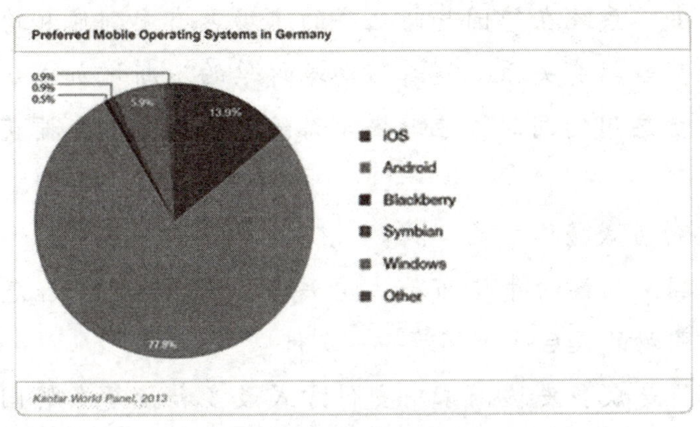

图 3-27　安卓系统称霸移动圈

就在全世界人民为咬上一口苹果疯狂的时候，爱读书的德国人显得异常淡定。当然这种淡定是有历史背景的：2011 年德国法庭裁定，苹果侵犯了摩托罗拉的两项专利，禁止苹果公司在德国出售任何移动电子产品。现在虽然已经解禁，但苹果在德国市场的高冷售价让人却步，如图 3-28 所示。

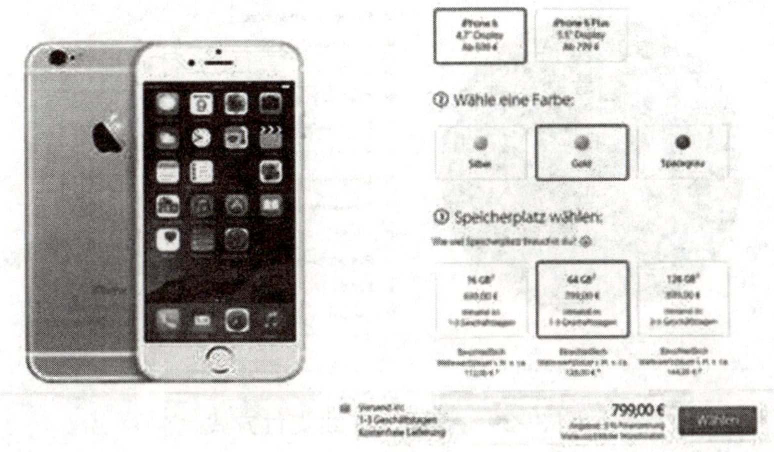

图 3-28　苹果在德国市场的售价

那么，安卓系统在德国如此之高的市场占有率到底和跨境电商有什么关系呢？当然有关系，随着移动端订单的不断增加，众卖家在开发手机端购物应用的同时，应以安卓系统为优先，方能捕获德国民众芳心。

（5）支付方式德国之最

看了德国网购族的年龄布局、爱买什么、在哪儿买、怎么买，再来看看在线购物的最后一个环节——支付！

德国可能是众多发达国家中支付方式最多和最复杂的国家了，如图3-29所示。去年我们和德国支付专家 Computop 达成战略合作伙伴时，对方也提到，“虽然德国网购族大部分都持有信用卡，但是德国人在选择结算方式上相对保守，线上支付方式复杂多样。相较于信用卡支付，他们更喜欢网银转账、货到付款等结算方式。跨境电商想在德国深挖市场，需要一个可靠的支付服务商来帮助他安全收款，降低风险。”

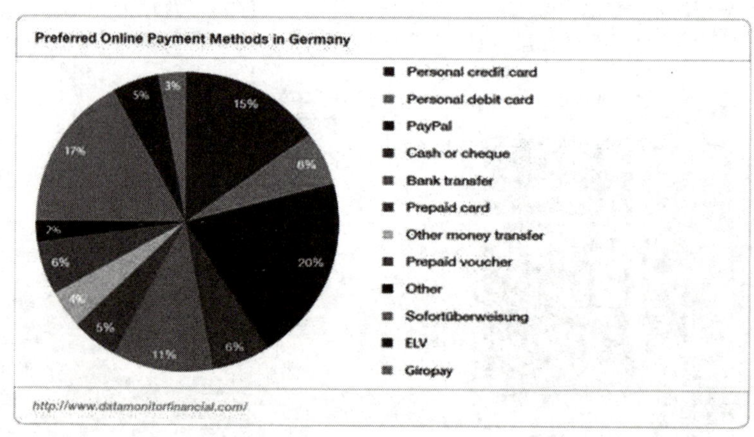

图 3-29　德国人在线支付方式

德国支付圈的这点事对于德国本土电商来说不算什么大事，但对于想在这片热土打开局面的跨境电商来说那绝对是个大事，资金的安全迅速回笼对于任何一个商家都是重中之重。

如果你现在是跨境电商，不管你想进入德国市场，还是增加在德国市场的销售额，看完以上信息，辅以愈加完善的物流和退换货政策，兴许能帮你再次认识这个巨大市场的与众不同。

知识考查与技能训练

本章习题请扫码获得。

第四章　跨境市场购买者分析

【学习目标】

本章旨在让学习者了解跨境市场中购买者的分类；了解消费者市场概念及其特点；掌握消费者生活形态模型及其在跨境电商网络营销中的应用；掌握消费者购买决策模式及其在跨境电商网络营销中的应用；了解组织市场的概念及其特点；了解跨境组织市场的采购类型及境外买家类型；掌握跨境组织市场买家采购渠道；掌握跨境组织市场买家购买决策模式。

通过本章的学习，应掌握以下知识（技能）。

1. 利用生活形态模型分析跨境市场中的消费者购买行为。
2. 根据跨境消费者购买决策类型采取合适的营销方法。
3. 判断跨境组织市场采购买家和采购类型。
4. 根据跨境组织市场买家类型选择合适的营销方式。

【基本概念】

消费者市场、AIO 架构、VALS 架构、EKB 模式

第一节 消费者市场

一、影响消费者市场的因素

消费品是社会最终产品，它不需要经过生产企业再生产和加工，便可供人们直接消费。消费品市场广阔，购买人数多而分散，这些人的年龄、性别、民族、文化程度、所处地理区域、传统习惯、收入、心理动机等各不相同，对消费品的需求千差万别，消费品供应具有广泛性和复杂性。

在整个市场结构中，消费者市场占有重要地位。它的发展直接或间接地影响着工业品市场的发展及整个社会经济的发展，而影响消费品市场的主要因素在于消费品需求。消费品需求受人口的数量和构成的影响，也受消费品的数量、质量及花色品种的影响，但最主要的因素却是人们的购买力，它与人们的收入水平直接相关，也受收入分配结果的制约。

二、消费者市场的特点

（1）非盈利性

消费者购买商品是为了获得某种使用价值，满足自身的生活消费的需要，而不是为了盈利去转手销售。

（2）非专业性

消费者一般缺乏专门的商品知识和市场知识。消费者在购买商品时，往往容易受厂家、商家广告宣传、促销方式、商品包装和服务态度的影响。

（3）层次性

由于消费者的收入水平不同，所处社会阶层不同，消费者的需求会表现出一定的层次性。一般来说，消费者总是先满足最基本的生存需要和安全需要，购买衣、食、住、行等生活必需品，而后才能视情况逐步满足较高层次的需要，购买享受型和发展型商品。

（4）替代性

消费品中除了少数商品不可替代外，大多数商品都可找到替代品或可以互换使用的商品。因此，消费者市场中的商品有较强的替代性。

（5）广泛性

消费者市场上，不仅购买者人数众多，而且购买者地域分布广。从城市到乡村，从国内到国外，消费者市场无处不在。

（6）流行性

消费需求不仅受消费者内在因素的影响，还会受环境、时尚、价值观等外在因素的影响。时代不同，消费者的需求也会随之不同，消费者市场中的商品具有一定的流行性。

消费市场是一个十分庞大而复杂的系统。从呱呱坠地的婴儿到古稀老人，都是消费市场的一员，由于受年龄、性别、文化程度、收入、职业、兴趣、居住地点、环境等因素的影响，各类消费者的购买习惯、动机、方式和水平都有显著的差异，从而形成不同类型的消费市场，每一个市场分片就表示一个有意义的购买群体，在此，我们聚焦的是跨境市场购买者的行为分析。

跨境市场购买者的主要类型有三种：①Individual Consumer，即个体消费者；②Reseller，即中间商；③Purchase for Business，即公司采购。

第二节 个体消费者购买行为分析

跨境电商主要面对的是境外消费者，了解境外消费者的类型、境外消费者的生活形态对产品的定位、品牌化和流通渠道的选择很有意义。

一、生活形态研究

消费者本身的情况、生活体验、价值观、态度及期望的表现称为生活形态。它会影响消费者的需求与购买态度，最终影响消费者的购买与使用行为。

然而作为消费者，很少有人能够明确地体会生活形态在他们的商品购买过程中所起的作用，但生活形态却确确实实在消费者的购买过程中间接地、不知不觉地发挥着激励与引导的作用。

生活形态与消费过程的关系可用图 4-1 表示。

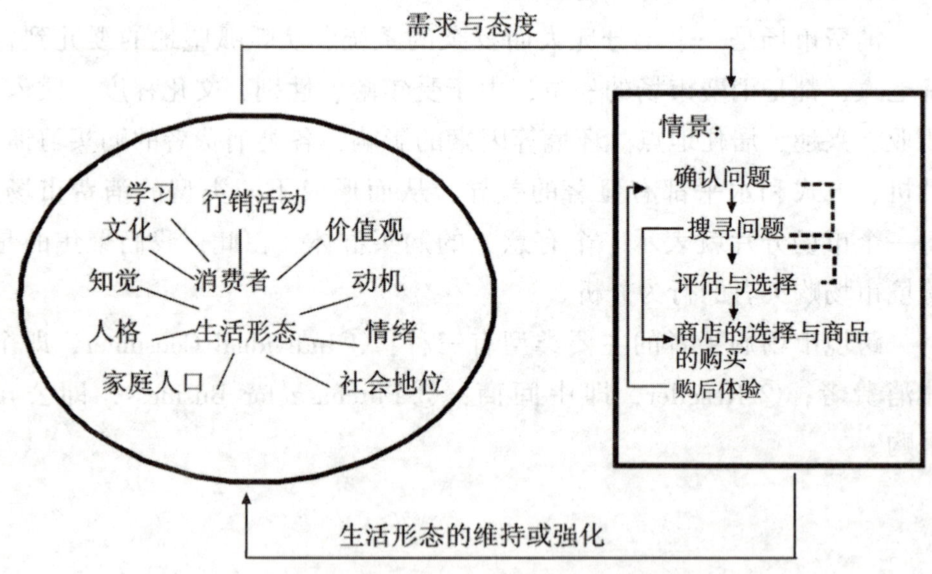

图 4-1 生活形态与消费过程的关系图

目前关于消费者生活形态的研究主要有 AIO 架构和 VALS 架构。

（一）AIO 架构

学者 Wind 与 Green 于 1974 年提出消费者生活形态的表述以及衡量方法，主要是针对消费者活动的主动或者被动性、兴趣产生的过程与目的以及态度的情感认知和意见进行分析，用来衡量一个人的活动（Activity）、兴趣（Interest）和意见（Opinion），于是产生了 AIO 变量。

后来，学者 Plummer 于 1974 年提出了 AIO 量表，并在此基础上综合人口统计变量，形成了四大构面，提升了生活形态研究的可实践性与应用价值，以该量表为基准，后期发展出很多的衍生量表和研究方法。

综观各种量表，一般均包含以下各因素。

态度：主要评估关于他人、通路、意念和产品等。

价值观：主要评估关于能够接受什么或者渴望得到什么的信念。

活动与兴趣：主要评估关于消费者的业余时间都花费在哪些非职业行为方面。

统计变数：主要了解关于消费者的性别、年龄、受教育程度、收入水平、职业状态、家庭结构等方面。

媒体形态：主要评估消费者使用的特定媒体。

产品使用率：主要评估在特定产品种类中，消费者的消费频率。

一般而言，AIO 问卷中主要包含的元素如表 4-1 所示。

表 4-1 AIO 问卷主要包含元素

活动（Activity）	兴趣（Interest）	意见（Opinion）
工作、娱乐、社会活动、旅游度假、运动、购物等	职务、食物、媒体、运动、流行、家庭等	政治、商业、教育、经济、产品、文化等

受到政治、文化、信仰等多方面因素的影响，各国的消费者之间的购买态度、行为等方面都存在很大的差异，因此了解与分析跨境消

费者的生活形态对于跨境贸易显得尤为重要。

（二）VALS 架构

在市场营销的应用中，AIO 量表的局限性逐渐显现，并且在市场运作的过程中，学术领域的成果也产生了新的变化。

20 世纪 70 年代，美国加利福尼亚州的 SRI Consulting Business Intelligence（SRIC-BI）公司开发了 VALS（价值观与生活形态调查，即 Values and Lifestyle Survey 的缩写），该模型很快在很多企业与咨询机构得到了应用，如：Siemens、Roland Berger、AC 尼尔森等。日本的 NTT 数据公司与 SRI 合作建立了针对日本的 VALS 模型，我国国内的相关机构也在此模型的基础上，针对中国消费者进行了分析，建立了 China-VALS。

VALS 的主要成果是从市场细分入手，为企业提供产品设计、研发与销售的重要决策依据。与 AIO 相比，VALS 的应用性更强，其目的性与针对性也更强，但随着社会的不断发展，也显现出了一些不足，在后续的应用中有专家学者提出了 VALS2 等新的模型，VALS2 比 VALS 更接近消费者，该模型主要包含 4 个人口统计变量和 42 个带有倾向性的项目，借助于该模型，对消费者的价值观念与生活形态进行调查，能够为企业的预测决策提供相关依据与参考。尽管 VALS 和 VALS2 都是基于美国消费者开发出来的，但该技术目前也已经被应用于欧洲的消费者。

在对美国消费者市场进行细分的过程中，专家学者借助 VALS2，对 170 个产品目录上产品的消费状况进行了调查，细分市场主要基于两个因素：即消费者的资源与自我导向，如表 4-2 所示。

表 4-2　美国消费者市场调查市场细分因素

消费者的资源	自我导向
收入、教育	以原则为导向的消费者
自信、健康、购买欲望	以地位为导向的消费者
智力、能力水平等	面向行为的消费者

其中，以原则为导向的消费者，左右他们的消费行为的主要是知识而不是感觉或者他人的观点；以地位为导向的消费者，他们为了赢得他人的认可而奋斗，他们的观点是基于其他人的行为和观点而产生；面向行为的消费者，他们喜欢物质刺激的行为、活动与冒险。

根据自我导向变量，将美国的消费者分成了 8 个细分市场，分别是：现代者、实现者、成就者、享乐者、信任者、奋斗者、休闲者和挣扎者。

现代者：调查发现 8%的美国人口属于现代者。此细分市场的人群高度自信，拥有高学历和高教育水平，阅读了大量的出版物，对观看电视不太感兴趣，具有广泛的兴趣爱好，善于接受新事物、新技术，不相信广告，善于用财富来显示个人的格调、品位和特点等。

实现者：调查发现 12%的美国人口属于此种类型。此细分市场的人群以原则为导向，是比较成熟的、负责任的，并且接受过较好的教育，对名望不感兴趣，喜欢公共事务。此部分的人群中大部分人已经在 50 岁以上，注重家庭，具有较高的收入，在消费过程中的表现主要受其价值观念的左右。

成就者：调查发现 10%的美国人口属于此种类型。此细分市场的人群政治相对保守，以地位为导向，通常被昂贵的产品所吸引，也有比较广泛的阅读兴趣，平时更关注商务信息。

享乐者：调查发现 11%的美国人口属于此种类型。此细分市场的人群年轻而充满活力，花费大量的时间在锻炼和社交上，不会吝惜在服装、饮食和娱乐方面的消费，关注广告，购买行为比较冲动，与其他细分市场相比，更具有冒险性。

信任者：调查发现 17%的美国人口属于此种类型。此细分市场群是 VALS2 模型中最大的细分市场。该细分市场人群受教育程度比较低，他们的信仰被传统的道德观念深深地束缚着，他们基本只购买美国制造的商品，偏好转移比较慢，比较依赖电视，喜欢寻求廉价商品。

奋斗者：调查发现 14%的美国人口属于此种类型。此细分市场的人群具有蓝领背景，并一直努力超越他人，他们拥有有限的灵活收入，主要花销用在服装和个人保健品方面，与阅读相比，他们更喜欢看电视。

休闲者：调查发现 12%的美国人口属于此种类型。此细分市场的人群相对年轻，对物质财富或者世界事件不感兴趣，在价值观方面容易满足，对于他们而言，逛商店是为了体现舒适、耐性和价值观，仅购买所需商品，不为奢侈品所动，喜欢听收音机，阅读汽车、垂钓、家用机械等方面的杂志。

挣扎者：调查发现 16%的美国人口属于此种类型。此细分市场的人群在所有细分市场中是收入最低、资源最少的。他们为生存而战，没有任何的自我导向，他们经常看电视，相信广告，具有较高的品牌忠诚度，希望购买有折扣或者搞活动的商品。

VALS2 模型也同样运用到了日本市场调研中，在日本的 VALS 模型中，用三个导向，即：自我表现者、成功者和传统者代替了美国的 VALS 中的两个导向，利用这些导向，日本的 VALS 模型产生了 10 个细分市场。

二、传统时代消费者购买行为模式

市场营销学家将消费者的购买动机和购买行为概括为 6W+6O，形成了消费者购买行为研究的基本框架，如表 4-3 所示。

表 4-3　消费者购买行为研究的基本框架 6W+6O

6W	6O
市场需要什么（What）	有关产品是什么（Objects）
为何购买（Why）	购买目的是什么（Objectives）
购买者是谁（Who）	购买组织是什么（Organizations）
如何购买（How）	购买组织的作业行为是什么（Operations）
何时购买（When）	购买时机是什么（Occasions）
何处购买（Where）	购买场合是什么（Outlets）

消费者购买行为是指消费者为了满足自身需要而发生的购买和使用商品的行为活动。有学者在深入研究的基础上揭示了消费者购买行为中的一些共性，并以模式的方式加以总结描述，比较著名的是恩格尔—科拉特—布莱克威尔模式（Engle-Kollat-Blackwell，EKB 模式）和霍华德—谢思模式（Howard-Sheth 模式）。

（一）恩格尔—科拉特—布莱克威尔模式（Engle-Kollat-Blackwell，EKB 模式）

EKB 模式强调购买者进行决策的过程，从消费者的购买需求产生开始到消费者实现购买结束，在该模式中，消费者的消费心理发挥了很重要的作用。该模式下消费者的购买行为过程可以描述成：由于受到外界的刺激或者社会的压力，某种商品暴露在消费者面前，引起消费者的注意、记忆，并形成信息以及经验存储起来，使得消费者产生了对商品的初步认识；在动机、个性及生活方式的参与下，消费者对问题的认识逐步明朗化，并开始寻找符合自己愿望的购买对象；这种寻找行为在评价标准、信念、态度及购买意向的支持下向购买结果迈进；经过产品品牌评价，进入备选方案评价阶段，消费者在选择评价的基础上做出决策，进而实施购买并得到输出结果，即商品和服务；最后对购买后的结果进行体验，得出满意与否的结论，并开始下一次的消费活动。

（二）霍华德—谢思模式（Howard-Sheth 模式）

霍华德和谢思认为，影响消费者做出购买决策的主要因素有：刺激因素、知觉过程、学习过程、输出变量和外因性变量等。这些因素连续作用的过程表现为：消费者受到外界物体不明朗的刺激后，引起对某种物品的注意，进而进行探索，随后产生知觉倾向，激发购买动机。与此同时，通过选择标准的产生以及对商品品牌商标的理解形成一定的购买态度，从而坚定购买意图，促成购买行为。消费者的使用结果、对产品的满意程度又将进一步影响其对品牌的理解以及消费者的品牌忠诚度。

模式中的刺激因素包括：刺激、象征性刺激和社会刺激。刺激是指物品、商标本身产生的刺激；象征性刺激是指由推销员、广告媒介、商标目录等传播的文字、图片和信息等产生的刺激；社会刺激是指消费者在与他人的交往中产生的刺激，消费者对这些刺激因素有选择地加以接受和反应。

模式中的知觉过程指完成与购买决策有关的信息处理过程，学习过程指的是完成概念形成的过程。知觉过程和学习过程都是消费者的心理活动过程，通过心理活动做出信息处理与概念形成最终向外部输出变量。

模式中的外因性变量包括：购买的重要性、消费者个性品质、经济状况、社会阶层的感染、文化、亚文化的作用等，这些因素不直接参与消费者的购买决策，但是会对消费者的购买行为产生影响。

与 EKB 相比，两种模式有许多的相似之处，也有很多的不同点。两种模式的不同点在于强调的重点不同，EKB 模式强调的是从态度的形成到产生购买意向的过程，认为信息的收集与评价是非常重要的方面；霍华德—谢思模式更加强调购买过程的早期：知觉过程、学习过程及态度的形成。

两种模式虽然较繁杂，各种因素变量也比较多，但是对于企业而言，只有充分了解到影响消费者购买行为的各种因素之间错综复杂的关系，掌握消费者购买行为的一般规律，才能够为企业的营销行为做出正确的判断，制订更好的营销方案。

三、网络时代消费者消费行为模式

在互联网与移动互联网应用得到爆发性普及的今天，消费者的消费行为模式发生了翻天覆地的变化，与此同时，电视、报纸、广播等传统媒介的影响力正在渐渐削弱，不断被网络所超越。

如果说第一代互联网如同电视、报纸一样承担了信息发布的角色，那么，网络搜索引擎则提供了与传统媒介完全不同的、主动、精准获得信息的可能性。

随后，WEB2.0 带来了有别于传统媒体的全新传播理念：以消费者为主体的传播，消费者不仅可以通过网络主动获取信息，还可以作为信息发布的主体发布信息，与更多的消费者分享信息。Blog、Wiki、BBS、Wechat 等网络工具将消费者也吸引进来，消费者的行为模式和媒体市场也随之发生了变化。比如：通过向“Google AdSense”这样的广告定向发布个人 Blog，实现利益共享，不断提高其广告媒体功能，而且各种搜索引擎的精度也在不断得到改进，媒体市场正在由之前的扁平式发展逐渐呈现深度、精准发展的趋势。

针对这种趋势，电通公司提出了消费者发布型媒体 CGM（Consumer Generated Media）的概念，以 Blog、Wiki、BBS、SNS、Wechat 等为主要形式的个人媒体，除了个人信息发布与群体信息共享外，还逐渐将新闻、企业信息、广告等进行比较与讨论，在此过程中，企业、广告信息等得到了传播；此外，网络信息的发布模式由之前的由商家向消费者发布转化为由商家向消费者发布后，消费者与消费者之间分享的模式。

在互联网与移动互联网的影响下，伴随着消费者生活形态的变化，电通公司提出了 AISAS 消费者行为分析模型，在该模型的指引下，企业的营销方式也正在从传统的 AIDMA 法则向富有网络特质的 AISAS 发展。

AISAS 模型中，A 表示 Attention，在营销中首先要做到引起消费者的注意；I 表示 Interest，在营销中，营销内容要能够引起消费者的兴趣；S 表示 Search，当产品引起消费者的注意并使得消费者产生兴趣后，要能够让消费者产生搜索行为；A 表示 Action，消费者的搜索行为产生之后，要能够促进消费者产生购买行动；S 表示 Share，在消费者的购买行为发生之后，要能够让消费者愿意分享购物经验及使用心得。

其中 Search、Share 体现了网络特质，搜索和分享行为是消费者主动进行，而非像过去一样一味地由企业单向向消费者进行理念、信息灌输，这充分体现了互联网对于消费者生活、消费行为的影响。

全新的消费者行为模式决定了消费者新的接触点，依据电通的接触点管理（Contact Point Management），媒体将不再限于固定的形式，不同的媒体类型对于媒体形式、投放时间、投放方法的考量首先考虑的是消费者与产品或者品牌的可行接触点的识别，在所有的接触点上与消费者进行信息沟通。在沟通过程中，以消费者的接触点为圆心，围绕消费者的接触点详细解释产品特征的消费者网站成为在各个接触点上与消费者进行信息沟通的深层归宿。消费者网站提供的不仅包括产品的详细信息，促进消费者对产品的了解，同时也影响着消费者的购买决策，此外，消费者网站还提供了人际沟通的通道，对于企业网络营销人员而言，通过对网站访问者访问数据的分析可以制订出更加有效的营销计划。

第三节 组织市场

组织市场（Organizational Market）是由各种组织机构形成的对企业产品和劳务需求的总和。它具有如下特点。

一、组织市场的规模和复杂性

通常组织市场的顾客数量较消费者市场少，并且每个顾客每次选购交易的规模和价值相对比较大。组织市场在总交易量、每笔交易的当事人数、客户经营活动的规模和多样性、生产阶段的数量和持续时间等方面，要比消费者市场大得多、复杂得多。此外，组织市场的数量并不受其下游消费者市场数量的限制，因为有些组织不参加任何消费者市场。

一些组织（如慈善机构、教堂、学会等）对消费者提供服务且不直接收取费用，另外有些组织（如军队）中则根本看不到消费者这一角色的作用。

二、组织市场需求的特性

组织市场通过一系列的增值阶段为消费者市场提供产品，所以对最终消费的需求是引发组织市场供给的最终力量。组织市场的需求是从组织市场到消费者市场间各增值阶段一系列需求的派生。

例如，出版社用纸市场的需求取决于对书籍和杂志的需求。如果最终消费品需求疲软，那么对所有用以生产这些消费品的企业产品的需求也将下降。组织市场的供应商必须密切关注最终消费者的购买类型和影响他们的各种环境因素。

三、组织市场购买的特性

由于组织市场具有购买者数量较少，而购买规模较大的特性，与消费者市场相比，通常影响组织购买决策的人较多。大多数组织有专门的采购委员会，由技术专家、高层管理人员和一些相关人员组成。特别在购买重要商品时，决策往往是由采购委员会中的成员共同做出的。

组织购买者通常直接从生产厂商那里购买产品，而不经过中间商，那些技术复杂和价格昂贵的项目更是如此。同时，由于组织市场购买者处于谈判中强有力的地位，可以让卖方做出让步，反过来购买自己的产品。有些情况下，购买者要求卖方反过来购买自己的产品以确保订单的安全。

对于供应商而言，大客户一般都是很重要的，要设法与他们建立长期密切的关系，有时要有专门为大客户服务的营销队伍，从而赢取并保持持续的订单；供应企业的营销人员应雇用一些受过精良训练、有专业知识和人际交往能力的销售代表和销售队伍，与经过专业训练、具有丰富专业知识的采购人员打交道。

第四节 跨境组织买家类型及采购模式

目前，跨境组织买家的类型主要有：百货公司、大型连锁超市、大卖场、品牌进口商、工业品买家、进口批发商、贸易商等。

一、百货公司

在美国，比较大的百货公司有梅西百货（Macy's）、JC、Penny 等，他们在世界各生产市场都设有自己的采购公司，不同品种由不同采购部门负责。他们通过大型贸易商选择自己的供货商，组成了一个采购系统，一般的工厂很难进入。

百货公司类的卖家采购量大，价格要求稳定，每年购买产品的变化不会太大，对质量要求比较高，基本不会改变供货商。这些百货公司都会参加美国、欧洲本土的专业展会，不会亲自来中国参加展会。

二、大型连锁超市、大卖场

在美国，比较大的连锁超市比较多，比如沃尔玛（Walmart），每年的采购量非常大，在生产市场设有自己的采购公司，有自己的采购系统。

超市类的买家购买的基本是目前已经开发出来的产品，若品质和价格合适，下单速度会比较快，但这类买家对价格比较敏感，在采购中，他们会将价格压得很低，产品品种变化要求也很大，但是一旦采购，采购量会比较大。若企业的开发能力强，资金雄厚，有能力降低产品价格，则可以考虑此类客户。小工厂受到资金、产品价格等方面的制约，一般很难满足大型超市的采购要求。

三、品牌进口商

品牌进口专营类买家一般是品牌专营店，他们会找规模大、质量高的工厂直接以定牌生产（OEM）的方式下单，如耐克（Nike）。品牌进口商有自己的质量标准，一旦采购，则订单比较稳定，他们在确定采购数量及付款条件时会参考自身在国内的生意规模。

自有品牌（如 IKEA）很重视供应商的经营理念，喜欢与工厂建立长久的合作关系，并且希望供应商能够配合进行产品的研发与改进，协同发展。若供应商能够配合，双方长期合作下去，那么利润以及将来的发展空间很可观。

四、工业品买家

工业品买家（如 ABB）主要生产高科技、高效能的品牌产品，目前，世界上越来越多的品牌进口商的买手来到中国参加展会，寻找供应商。此类买家对供应商的要求很严格，他们采购的产品一般都是要求定制的，需要开模具生产。若供应商能够不断改进自己企业的管理，满足工业品买家的要求，将会促进自己的公司走向国际化、专业化。

在与工业品买家合作之前，供应商可以通过网站了解对方的实力规模、产品定位、风格倾向等，中小型工厂可以将此类买家作为合作目标，在合作过程中，需要注意的是即使是小品牌，也有可能培养出大客户。

五、进口批发商

进口批发商一般采购特定的商品，很多在美华人在美国做批发生意，他们主要的采购方式是自己到中国参加展会采购。价格和产品的特性是此类买家的关注点，在采购过程中，他们会注重比较价格。进口批发商在其国内一般有自己的发货仓库，通过展览销售产品。

面对这类买家的时候，企业一定要注重自己的价格和产品差异性，若产品相同，他们一般会倾向于选择价格更低的企业卖家。

六、贸易商

贸易商采购的商品品种比较多，因为他们拥有不同类型的客户，但是订单不太稳定，订单的延续性也不太稳定。一般而言，服务灵活的小规模供应商比较容易和这类客户达成一致。

在通过对国际买家的类型和采购标准进行了解之后，就能够知道买家下单和不下单的原因。不同的买家关注的侧重点不一样，有的关注价格，有的关注设计，有的关注经营理念，在与不同类型的买家打交道之前，应尽可能去了解他们的关注点，只有这样才能够为他们量身定做供货方案，从而提高成交率。

第五节 跨境买家采购行为分析

一、跨境买家采购渠道

跨境买家采购的渠道主要有三种：展会、网络、杂志，如表 4-4 所示。

表 4-4　不同类型的跨境买家采购渠道的优劣势比较

类型	展会	网络	杂志
优势	直接、面对面交流、采购信息传递迅速，采购过程快、可靠	信息量大且全面，不受时间、区域限制，沟通迅速，采购周期短，可供选择的供应商较多，节约成本、时间、人力，提高了采购效益	专业杂志信息质量高，不受时间、空间的限制，采购成本低，供应商信息可靠性大
劣势	采购成本高，展会时间短，采购人员辛苦，有时展会的供应商有限，难以寻求到符合要求的供应商	信息的真实性有待检验；信息量大，难以在众多信息中搜索到符合自己需求的供应商	查询、沟通时间较长，难以比较供应商

展会是企业常用的开拓海外市场的方式，但是，随着世界各种展会的增加以及网络的发展，电子商务采购模式不断发展，展会的效果相比之前有一定程度的削弱。

伴随网络的不断发展，网络采购目前已经成为企业开发新客户的主要途径。

曾经杂志广告也是比较重要的一种开发新客户的途径，但在电子商务的冲击下，杂志的作用越来越小。

开发客户的方式除了上面的3种之外还有客户介绍、邮件开发、海关数据分析等，这些方法的实施需要企业有一定的专业技能，能够对相关数据进行分析、归纳、总结，并有针对性地做出部署。

二、跨境买家背景分析

在与跨境买家沟通的过程中，要根据沟通情况去分析跨境买家的心理，把握住心理之后才能够做出相应的有效回应。

面对面的沟通能够根据对方的态度、肢体语言等读懂其对合作的态度，把握买家心理容易，在邮件沟通中，通过对跨境买家邮件的分析能够判断出跨境买家的一些心理状况，当收到一封邮件时，可以通过询盘内容判断出客户有无实单、订单大小以及需求缓急等。

例如：

询盘1：

Dear Sir,

Our company ××× is a wholesale for ××× in Italy. We are interesting at your ××× , so please send us a catalogue and a price list for them.

在该询盘中，买家反馈自己是一家批发商，要求给予其产品目录和价格。从中我们能够看出来，买家对于企业的产品不熟悉，希望拿到产品目录和价格，从中看看有无合适的产品。对于这样的买家，一般不要给产品目录，因为可能是同行在套取价格，在回复的时候，可以礼貌地告知客户自己主要是做什么产品，简单介绍一下企业实力。

询盘2：

Dear Sir,

We are looking for belts, please give us the list of your products with the beat price.

在该询盘中，客户提到了具体的产品，并且要求给到最好的价格，对一些细节参数没有提及，这种情况说明：第一，买家自己可能不够专业；第二，买家要看供应商的相关详情后再做进一步的沟通。

对于这样的买家，在回复的时候，可以推荐 1～2 款产品给客户，千万不要在不了解客户的具体需求前就报价，这样会让自己很被动，报价的时候一般报出价格区间供其参考。

询盘 3：

Dear Sir,

I need quickly watches from No. 8-9 to 32-43, please send me pictures and tell me weight and send me quote, and delivery time.

在该询盘中，客户提到了一些要求，但是其最关注的是交货期。

对于这样的买家，回复的原则就是快、准。快就是回复要快，准就是买家关注点和要求要回复准确。

询盘 4：

Dear Sir/Madam,

This is Laurence, I need 10000 post cards. I am from Italy, current price I can get in my local place is ××× for 8000 pieces, if you can give me less than this price, please mail me.

从该询盘中，能够发现该买家可能没有太多的采购经验，关注的重点是价格，对质量没有做出要求。在还盘的时候，在核算自己的成本等各种费用的基础上，看能否达到低于买家提出的价格的要求，用价格来吸引买家。同时，对于采购经验不足的买手，他们有可能想跳过中间商自己去做采购，这时，就要做好买家的采购顾问，让买家感受到一种被尊重和重视的感觉，在沟通的过程中，多向对方介绍产品的关键技术等，让对方觉得专业。

知识考查与技能训练

本章习题请扫码获得。

第五章 跨境市场数据分析

【学习目标】

本章旨在让学习者了解跨境电商网络营销数据分析的目的，掌握跨境电商网络营销数据指标及其分析目的，掌握跨境电商网络营销数据分析工具的使用方法及技巧。

通过本章的学习，应掌握以下知识（技能）。

1. 能够分析跨境网络市场数据。

2. 能够通过对跨境网络市场数据的分析，描述目标市场的特征。

3. 能够根据目标市场的特点确定相应的营销组合策略。

4. 能够分析跨境店铺中的数据。

【基本概念】

目标市场、行业数据、店铺数据、流量

第一节 市场数据分析

一、数据分析的定义及重要性

数据分析是指运用适当的统计方法对收集的海量数据资料进行分析，以求最大化地开发数据资料的功能，发挥数据的作用，提取有用的信息并形成正确结论，从而对数据加以详细研究和挖掘的过程。数据分析能将整个店铺的运营建立在科学分析的基础上，通过各种指标进行定性、定量分析，为决策提供最准确的参考。以速卖通平台为例，卖家后台提供了“数据纵横”工具，其中有庞大的行业数据和卖家自己的店铺的所有数据，可运用图形、表格直观分析，也可用 Excel 的公式及数据透视表功能进行统计运算，最后快速得到答案，为店铺的经营决策提供依据。

速卖通数据分析分为两个部分：行业分析和店铺商品分析。第一部分是选好行业，选好产品，让店铺发展起来；第二部分是根据繁多的数据指标，针对店铺和产品开展优化活动，实施一定的营销策略，为店铺的成长提供动力。

二、数据分析的指标

跨境电商的数据指标比较多，卖家如果不能明白各项数据指标的含义，那么数据充其量也只是一堆符号。所以，卖家在头脑中需要形成清晰的思路，理清数据的种类和意义。

（一）与流量相关的指标

①浏览量（PV）：店铺各页面被浏览的次数。同一个用户多次打开一个页面，该页面的浏览量也进行累加。浏览量显示了店铺页面被访问的次数，浏览量越大，代表店铺被浏览的次数越多。

②浏览量占比：某来源到达页面的浏览量占所有来源到达页面的浏览量的比例。某来源到达页面的浏览量占比越大，代表这个来源的访问量越大。

③搜索曝光量：美国时间当天的店铺商品在网站搜索结果页面曝光次数。

④商品页浏览量：美国时间当天的所有商品详情页面被访问的次数，同一用户在统计时间内访问多次记为多次。所有终端的浏览量等于 PC 端浏览量和无线端浏览量之和。

⑤商品页访客数：又称为访客数（UV），访客数越大，代表店铺的客流量越大。美国时间当天的访问商品详情页的去重[①]人数，同一用户在统计时间范围内访问多次只记为一次。所有终端访客数为 PC 端访客数和无线端访客数直接相加之和。

⑥新访客数占比：指的是新增加的访客数占总的访客数的百分比。

⑦老买家商品页访客数：美国时间当天的老买家访问商品详情页的去重人数，同一用户在统计时间范围内访问多次只记为一次。所有终端访客数为 PC 端访客数和无线端访客数直接相加之和。老买家指之前在本店有过支付记录的买家。

⑧平均访问深度：访问深度为用户在一次访问内访问店铺内页面的次数，平均访问深度即所有用户每次访问时访问深度的平均值。跨天查看时，该指标是所选时间周期内日数据的平均值。

⑨平均访问时间：访问时间为用户在一次访问内访问店铺内页面的时长，平均访问时间即所有用户每次访问时长的平均值。停留时间越长，表示店铺对用户的吸引力越大。

⑩跳失率：只访问了一个页面就离开的访问次数占该页面总访问次数的百分比。跳失率越大，代表页面对访客的吸引力越小，越是需要改进。

---

① 去重：一般指排除重复项。

（二）与成交相关的指标

①浏览—下单转化率：统计时间段内下单去重买家数占店铺访客数的比例。

②下单订单数：美国时间当天的下单订单数。

③下单买家数：统计时间段内下单去重买家数，按天去重。

④老买家浏览—下单转化率：统计时间段内老买家下单去重买家数/店铺访客数。老买家指之前在本店有过支付记录的买家。

⑤支付订单数：美国时间当天的支付成功订单数，含之前下单，当天支付的订单。

⑥支付金额：美国时间当天的支付成功订单金额，含之前下单，当天支付的订单。

⑦退款金额：统计时间段内确认退款的订单金额。

⑧风控订单数：统计时间段内因风险控制关闭的订单数。

⑨风控金额：统计时间段内因风险控制关闭的订单金额。

⑩客单价：成交金额/成交用户数。客单价可以反映店铺每一个成交用户的价值，客单价越高，越有利于店铺业绩的提高。

（三）与访客行为有关的指标

①加购物车人数：统计时间段内将商品添加到购物车的去重人数，一个人在统计时间范围内访问多次只记为一次。所有终端访客数为 PC 端访客数和无线端访客数直接相加之和。

②加收藏夹人数：统计时间段内添加商品到收藏夹的去重人数，一个人在统计时间段内访问多次只记为一次。所有终端访客数为 PC 端访客数和无线端访客数直接相加之和。

（四）与搜索有关的指标

①成交指数：所选行业、所选时间段内，累计成交订单数经过数据处理后得到的对应指数。成交指数不等于成交量，指数越大成交量越大。

②购买率排名：所选行业、所选时间段内，该关键词购买率排名。

③竞争指数：供需比经过指数化处理的结果。供需比就是所选时间段内每天关键词曝光出来的最大商品数，代表了所选时间段内每天平均搜索人气。

④搜索指数：所选行业、所选时间段内，搜索该关键词的次数经过数据处理后得到的对应指数。搜索指数不等于搜索次数，指数越大，搜索量越大。

⑤搜索人气：所选行业、所选时间段内，搜索该关键词的人数经过数据处理后得到的对应指数。搜索人气不等于搜索人数，人气越高，搜索人数越多。

⑥是否品牌原词：有些商品是禁限售商品，销售此类商品将会被处罚，品牌商品要拿到授权才可以进行销售。

⑦点击率：搜索该关键词并点击进入商品页面的次数。

⑧TOP3 热搜国家：所选时间段内搜索量最高的 3 个国家。

⑨搜索指数飙升幅度：所选时间段内累计搜索指数相比上一个时间段内累计搜索指数的增长幅度。

⑩曝光商品数增长幅度：所选时间段内每天平均曝光商品数同比上一个时间段内每天平均曝光商品数增长幅度。

⑪曝光卖家数增长幅度：所选时间段内每天平均曝光卖家数相比上一个时间段内每天平均曝光卖家数增长幅度。

三、市场分析

（一）市场分析工具

跨境电商卖家不仅要分析店铺的微观数据，还要分析与整个大市场相关的宏观数据。Google 公司的 Google 趋势、Google AdWords、Google Analytics 和 Google News 都是监控宏观国际市场数据比较好的工具。

（1）Google 趋势

百度指数指的是以百度海量网民行为数据为基础的数据分享平台，对于国内的淘宝网店卖家来说，百度指数是一个非常完善的数据统计工具。百度指数并不能完善地统计出国外用户的数据结果，所以并不适合跨境电商卖家，而必须使用国际上通用的统计工具。Google 趋势是一款类似于百度指数的数据分享平台，通过对一段时间内的关键词搜寻量进行统计，得出当下时段的国际热门内容，并使用图表向用户显示统计结果。

在“Google 趋势”主页面的搜索框中输入“dress”搜索词后，将出现关键词在全球范围内从 2004 年至今的热度随时间变化的趋势图。向下拖动，还可以看到该关键词的区域热度和相关搜索。如果某跨境电商卖家主要针对的客户区域是美国，且想要知道到底是卖“dress”好，还是卖“skirt”好，则可设置“国家/地区”为“美国”，“时间”为“过去 90 天”，然后在“dress”后再添加一个“skirt”搜索词。此时即可看到美国最近 90 天内 skirt 和 dress 被搜索的频率，可以明显发现，dress 的搜索频率大大高于 skirt 的搜索频率。

继续在该页面中向下拖动鼠标，还可以看到 dress 在美国不同次级区域，即不同州的搜索结果图。可以看到美国密西西比州搜索 dress 关键词的频率最高，特拉华其次。将搜索关键字词切换至 skirt，可以看到该关键词的区域热度情况。其中阿拉斯加州的搜索量最高，蒙大纳其次。

Google 公司为了满足多数用户的需要，还对关键词进行了相关搜索。在该图中，卖家可以看到与 dress 或者是 skirt 相关搜索词的搜索情况。

（2）Google News

除了 Google 趋势工具外，跨境电商卖家还可以使用 Google News 来监控数据，通过该工具不仅可以及时了解国外信息或者是流行趋势，还可以获取关键字的搜索结果数量，然后通过对比同类商品不同子类目商品的搜索数量，来分析店铺的商品情况。

在 Google News 页面的搜索框中输入关键字“pencil skirt”，可看到默认情况下，即当搜索时间不限时，含有该关键字的搜索结果数量高达 137 万多。如果想要改变关键字的搜索时间范围，则可单击“搜索工具”按钮，然后单击“最近”右侧的下三角按钮，在展开的列表中选择时间范围，如“上周”，随后收起工具，可看到一周内“pencil skirt”的搜索结果为 5880 条。

如果将时间范围设置为“过去一个月”，可看到搜索结果变为 16000 条。对比一周内和一个月内的搜索结果，可以发现“pencil skirt”在一周内的搜索结果几乎占到了一个月内搜索结果的一半，说明该关键词最近在新闻上出现的频率比较高，从而可以大致推断出 pencil skirt 最近在国外比较流行。

（二）目标市场分析

在跨境电商的经营中，产品的选择非常重要，好的产品不仅能提高店铺的销量和利润，并且能够提升店铺的整体流量，提升商品的搜索排序，提升店铺的核心竞争力。选品要遵循一定的原则及逻辑性，更要对市场进行深入分析。所谓主动选品，就是通过对目标市场或某个行业进行分析，主观地去开发产品。与主动选品相对应的是被动选品，就是参照其他大卖家近期销量最高的产品，从供应市场寻找并订购同样的产品来进行销售。卖家要对目标市场的四季天气变化，目标市场人群的业余爱好、生活习惯、消费习惯以及节假日安排等各个方面多作了解。

（1）节假日分析

在节假日来临之前，西方国家的消费者都会大量采购节假日用品。例如，圣诞节之前西方消费者会采购装饰品、圣诞礼物等，万圣节来临前会采购恐怖面具以及特色服装、面具等。卖家要充分了解西方节假日时期的消费热点，挖掘符合节假日氛围的产品。由于物流需要耗费时间，且为了抢占先机，因此节假日产品一般是提前一个月开发及上架。

（2）季节分析

首先卖家要根据西方的季节变化规律开发应季产品。西方冬季来临前卖家应该开发保暖产品，如帽子、围巾、手套、保暖衣等；西方夏季来临前应该开发降温产品，如笔记本散热器、笔记本冰垫、迷你风扇等。

此外，卖家要对目标市场国家的气候有所了解。例如，英国居民的室内有暖气供应，他们在冬天也喜欢 T 恤衫+外套的搭配，因此短袖 T 恤衫在英国的冬季也会有不错的销量；另外，英国雨量偏多，因此有防水功能的产品非常受欢迎，如汽车防雨罩、烧烤防雨罩等。

（3）生活习惯分析

卖家可以根据目标市场消费人群的生活习惯来开发产品。例如，在美国，年龄在 18~65 岁的成年人大概有 1.98 亿人，其中六成的人具有户外产品消费的潜力。针对这类人群，卖家可以开发手电筒、帐篷灯、登山车、泳衣、护目镜等户外用品。

此外，欧美各国当地人的性格不一，如美国人性格通常比较开放，偏爱新奇产品；而英国人性格通常比较保守，喜欢经典的物品，他们购买的手机壳多是经典版。

（三）市场分析方法

（1）评价数据分析法

评价数据分析包括差评数据分析和好评数据分析。其中，差评数据分析就是通过收集平台上热卖产品的差评数据，从中找出顾客不满意的地方，然后对产品进行改良。差评数据分析法以抓取差评数据为主，同时也要兼顾分析商品好评数据，从中寻找客户对产品真正的需求点和期望值。评价数据分析法就是从产品好评中挖掘需求“痛点”，从差评中寻找产品的不足之处并对产品进行完善。选择能够满足客户需求的产品，自然能够提高产品的曝光率，进而提升销量。

（2）产品组合分析法

产品组合分析法是指用产品组合的思维来选品。在建立产品线的时候，核心产品占 20%，用以获取高额利润；“爆款”产品占 10%，用以获取流量；基本产品占 70%，用以配合销售。选品应该兼顾不同的目标客户，不能将所有的产品都选在同一个价格段和保持同一品质等级。不同价格和不同的品质等级产品能吸引不同的目标客户，进而产生更多的订单。

对于核心产品来说，应该选择小众化、利润高的产品；“爆款”产品应该选择热门产品或是紧跟当前热点并将要流行的产品；基础产品应该选择性价比较高的产品。无论是核心产品、“爆款”产品还是基本产品，选品的时候都必须对产品的毛利进行评估。计算毛利的公式如下：

单品毛利=销售单价-采购单价-单品运费-平台费用-引流成本-运营成本。

（四）行业动态分析

行业动态分析是指从行业的角度研究品类动态。每个品类都是建立在中国制造的产品面向国外出口的整个行业背景下。了解中国出口贸易中该品类的市场规模和国家分布，对于认识品类的运作空间和方向，有较大的指导意义。目前，了解某个品类的出口贸易情况主要有以下 3 种途径。

（1）第三方研究机构或贸易平台发布的行业或区域市场调查报告

第三方研究机构或贸易平台具备独立的行业研究团队，这些机构具备全球化的研究视角和资源，因此他们发布的研究报告，往往可以给我们带来较系统的行业信息。以下为目前公开发布的行业研究报告。

①行业分析报告：中国制造网（http：// www. made-in-china. com/communication/industry-analysis/list-1html）。

②行业视频教程：敦煌网（http：//edu. dhgate. com/videos. php）。

③环球企业家：外国人眼中的中国公司调查（http：//www. gemag. com. cn）。

（2）行业展会

行业展会是行业中供应商为了展示新产品和新技术、拓展渠道、促进销售、传播品牌而进行的一种宣传活动。参加展会可以获得行业最新动态和企业动向。可以登录深圳会展中心（http：// www. szcec. com）和中国行业会展网（http：//www. 31expo. com）查询展会信息。

（3）出口贸易公司或工厂

产品专员在开发产品时，需要与供应商进行直接的沟通。资质较老的供应商，对所在行业的出口情况和市场分布都很清楚，产品专员可以通过他们获得较多有价值的市场信息。产品专员需要先掌握了一定的行业知识，再与供应商进行沟通。

（五）行业对比

店铺的运营人员首先通过“数据纵横”中的行业情报对店铺所在的行业进行分析。运营人员将从行业概况、蓝海行业及搜索词分析3个方面出发，查看行业对比数据、行业趋势、蓝海行业国家分布，进一步寻找蓝海行业，并结合搜索词分析并优化产品标题、产品属性，进行蓝海产品开发。

行业对比指和相关的行业进行数据趋势对比，可以分别从访客数占比、成交额占比、在售商品数占比、浏览量占比、成交订单数占比和供需指数等方面进行对比分析。通过分析结果，可以看出随着市场的变化，平台发展种类的方向在变化，从而可以加强对某个行业的投入或避开一些竞争过于激烈的红海市场。

（1）行业访客占比与上一级行业对比分析

店铺运营人员对店内主要销售商品进行分析，例如选择行业为服装、服饰、配饰类中的女装中的连衣裙。从数据波动可以看出，随着季节的变动，访客量一直在变动，所以店铺应该根据季节来调整店铺内的商品，迎合访客的购买需求。而在一周内的数据中访客数往往在周六、周日两天最低，因此店铺在周末可以做一些促销活动进行引流。

（2）同级行业对比分析

通过同级行业对比分析，可以获得访客数、成交额、客单价、供需指数这些指标，从而了解当前竞争小的行业。店铺可以选择供需指数小、竞争小的行业作为突破口进行选品，并对店铺内的产品进行调整。

例如：Sunshine 服装店铺选择了 3 个同级行业进行对比分析：服装/服饰配件中的女装、珠宝饰品及配件中的流行饰品、箱包中的手提/单肩/斜挎包三个行业最近 30 天的访客数占比数据，最近 30 天的成交额占比数据，最近 30 天的供需指数。

（3）行业细分类分析

同级行业对比分析后，可以对商品行业下的细分类进行分析，选择店铺内主要的产品类目，通过访客数占比、支付金额占比、供需指数占比 3 个维度进行行业趋势分析。

第二节 店铺数据分析

一、定价分析

（一）定价的要素

商品定价是一门学问，并不是以高出成本价的价格进行销售就没有任何问题。售价高利润也高，但是买家可能会减少；售价低利润也低，但是买家可能会增加，那么如何使最后的总利润达到一个最大值，这就是定价所要思考的问题。卖家在为商品定价时，一定会从多方面进行考虑，而需要考虑到的最基本因素有 4 个，如图 5-1 所示。

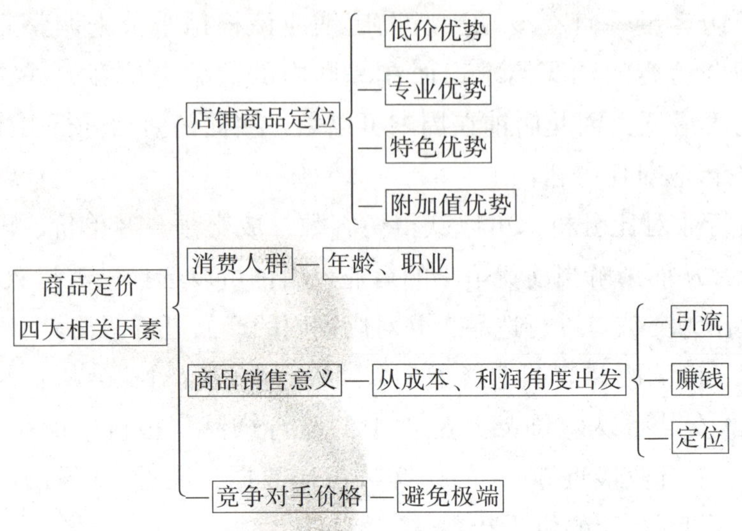

图 5-1　定价四大因素

（1）店铺商品定位

要做到合理为店铺商品定价，首先要对店铺的商品有一个清晰的定位。店铺商品定位需要从商品本身的特点出发，研究清楚店铺的商品究竟有什么优势值得买家购买。店铺的商品一般可从低价优势、专业优势、特色优势和附加值优势四个方面来定位。

商品定位首先可以考虑商品是否在价格上对买家有吸引力，是不是要靠低价来保证销量，从而来维持店铺的运营。有的网店的商品具有突出的专业优势。网店的商品如果具有某方面的特色优势，也可以把价格定得比同类无特色商品更高。有些店铺不具备专业优势，也不具备特色优势，但是店铺的商品质量一流，且店铺具有多年的开店资质，这些附加值可以为店铺的商品加分，从而可以为该店铺的某些商品制定稍高的价格。

（2）消费人群

成熟的店铺也都会有固定的消费人群，如果卖家的商品定价高于固定消费人群的消费能力，这批消费者就买不起；如果卖家的商品定价低于固定人群的消费能力，这批消费者又会觉得商品这么便宜，可能是质量有问题，也不会购买。

卖家要确定店铺消费人群的消费能力，首先要看这个人群的年龄、职业。卖家可以从客户的信息统计中找到人群的年龄，从客户的消费记录和收货地址中大致推测人群的职业和消费能力。在确定了消费人群的消费能力后，就可以确定商品的大致价位。无论是国内还是国外，消费人群都可以大致分为三类，即青少年、中年和老年。

（3）商品销售意义

管理与运营网店要善于变通，讲究策略。因此，卖家在为商品定价时，为了网店全局利益，一定要考虑到该商品的销售意义。所谓销售意义就是指销售这件商品对于网店的作用是什么。

通常情况下，网店的商品可以按销售意义分为 3 种类型：引流商品、定位商品、利润商品。引流商品，顾名思义就是为店铺带来流量的商品，这类商品通常以低价来吸引买家进店，引流商品占 10%；定位商品的作用就是将店铺的定位控制在一个范围内，不让店铺因打折的低价商品过多而渐渐失去品牌价值，这样的商品定价就比较高，定位商品占 20%；利润商品的作用是为店铺赚取利润，这样的商品定价位于引流商品与定位商品之间，利润商品占 70%。

（4）竞争对手价格

无论是国内消费者还是国外消费者，都有货比三家的心理，为了迎合消费者的这种心理，卖家在给商品定价时就要参考竞争商品的价格，在进行充分的对比、研究之后制定自己商品的价格，这样才不会在激烈的竞争中处于劣势。

卖家千万不要以为商品的价格越低越受买家欢迎，同时也需要注意，不是所有的同类商品都是自己的竞争对手。卖家需要明白自己商品的品牌价值、不同商品的买家偏好价位，然后再来精确寻找竞争对手，最后确定商品的价格。

（二）定价的策略

卖家在明确自己店铺的商品定位、消费人群、商品销售意义、市场需求量和供应量、竞争对手价格后，还需要更多的数据分析，制定出合买家心意的价格，才能最大限度地销售商品。

(1) 运用数据分析来定价

众所周知，零售巨头沃尔玛的创始人山姆沃尔顿有一个非常有价值的价格理论；80 美分进价的商品以 1 美元出售，销量是以 1.2 美元出售的 3 倍，虽然单件商品的利润减少，但实际总利润是增加了的。这就说明在商品销售的过程中，商品定价上的很小差别就可以对最终的销售效果有很大的影响。

要想对商品的价格进行精准定位，也需要参考同类竞争商品的价格，在速卖通中还没有像生 e 经这种能够从中获取数据进行分析的工具，但是卖家可以从速卖通首页中获取需要的数据进行分析。下面以“dress（连衣裙）”商品为例。

查看关键词的价格区间，获取喜欢该价格区间的买家人数的占比情况，使用 Excel 工作表生成“三维饼图”，如图 5-2 所示。

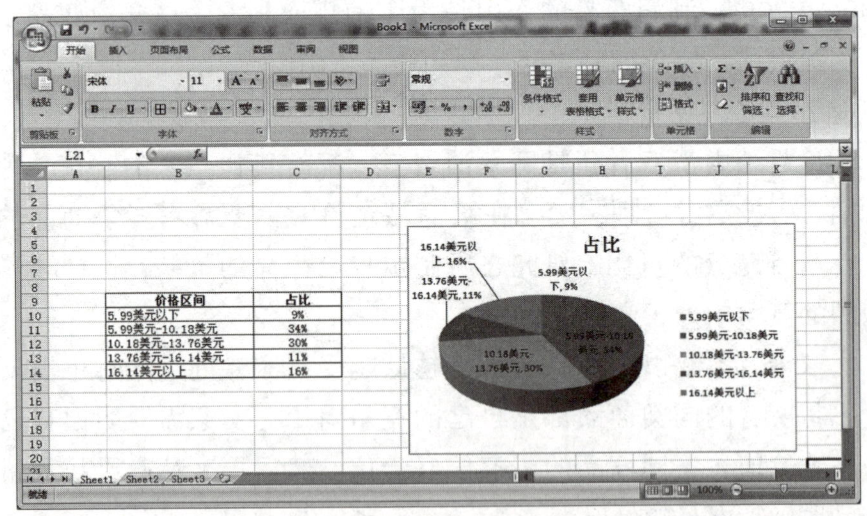

图 5-2　价格区间买家人数占比

从三维图表中，可以发现当“dress”的价格在5.99美元~13.76美元这个范围内时销量最大。而该范围又分为两个区间，当卖家的商品竞争力强时，也就是说能够保证销量，那么就自然地可以选择较高定价，即10.18美元~13.76美元的价位；如果卖家竞争力不够，那么就可以选择销量大一点的价位，即5.99美元~10.18美元这个价格区间。

（2）运用心理学来定价

商品定价离不开对消费者心理的研究，只有将价格定得正合买家心意，才能让买家高高兴兴地掏腰包。根据消费者的心理来定价，可以让商品的盈利能力大大提高。

①买家预期价格

买家在购物之前对所要购买的商品都会在心里有一个预期价，高于预期价的商品他会觉得贵，低于预期价的商品他又会怀疑其质量。

例如：买家打算买一件夹克，心理预期价是20美元，那么标价为10美元以下的基本就不会考虑了，而高于30美元的也不大可能购买。通常情况下，买家最终购买的商品价格都会和自己之前的心理预期价相差不大。卖家可以通过一个简单可行的方法了解买家的心理预期价，就是从店铺消费记录中了解自己店铺买家的购物能力，然后判断这些买家比较喜欢什么价位的商品，一般来说，这个价位就是买家的心理预期价位。

②数字形状对买家的影响

纵观速卖通上的商品，可以发现商品标价中数字“9”出现的次数比较多。国内的买家可能会很喜欢“8”“6”等代表“发财”和“顺利”的数字，但是对于大多数国家的人来说，“9”是一个不错的数字。当然，不同国家和地区还会有一些其他的数字偏好，卖家可根据实际情况确定价格数字。

③降低买家的价格敏感度

大多数买家对价格都比较敏感，标价太高往往会吓跑一部分买家，所以对于某些本身单价就比较高的商品来说，卖家可以采取一些方法来降低买家对价格的敏感度。这种方式对于论重量、个数出售的商品比较适用。例如：对于高级茶叶这种商品来说，标价 80 美元/千克和标价 8 美元/100 克给买家的心里感觉是大不一样的。

④降零头价格更能让买家感受低价

网上有很多商品可以标价 10 美元，却要标价 9.99 美元，可以标价 15 美元的，却要标价 14.89 美元，诸如此类做法的目的就是用零头价格激起买家的购买欲望，会给买家一种经过精确计算的、最低价格的感觉；有时也会给买家一种是原价打了折扣、商品便宜了的感觉，虽然实际上只是少花了很少的钱，但是这样的价格能让买家在心理上感觉实惠。

⑤减少买家的比较心理

很多买家并不知道商品的成本价，但是会对同类商品进行价格上的比较，从而判断什么价位是高价位、什么价位是低价位。为了减少买家比较商品价格而导致的订单流失，卖家可以将商品进行搭配销售，两件商品只标出组合价是多少，这样买家就不容易比较出单件商品价格的高低了，两件商品组合销售更能让买家感觉到划算。

二、标题分析

（一）标题的意义

速卖通的自然搜索流量有两个特点：一是免费，二是精准度比较高。通过分析发现，无论是国内还是国外，大部分的买家在网购时心里都已经有了一些感兴趣的商品，80%的买家都会直接在搜索文本框中输入与自己想浏览的商品相关的关键词。这种类型的买家目的性很强，需求明确，较容易达成交易，而想要抓住这类买家，就需要做好速卖通搜索优化（SEO）。

从广义上来说，SEO 是指在了解搜索引擎自然排名机制的基础上，对网站进行内部及外部的调整优化，改进网站在搜索引擎中关键词的自然排名，获得更多的展现量，吸引更多目标客户点击并访问网站，从而达到网络营销及品牌建设的目的。速卖通搜索优化（SEO）主要是对商品标题进行优化设置，目的就是让更多的买家通过自然搜索，能够更加方便快捷地看到卖家店铺中的商品，从而为店铺带来流量和订单。

在速卖通上，买家通过搜索关键词浏览商品，所以出现在买家眼前的商品与买家输入的关键词密切相关。

例如：当买家搜索的关键词是“Pants men（男式裤子）”时，出现的商品有 164 052 件，而展现的商品类型就是各种类型的男式裤子，这些裤子有休闲裤、运动裤等，范围非常广，并且商品标题中都包含了“Pants men（男式裤子）”这两个词。当买家搜索关键词“Sweat-pants men（男式运动裤）”时，出现的商品减少了，范围缩小了很多，商品标题中同样都包含了“Pants men（男式裤子）”这两个词。

卖家为商品设计的标题中有哪些关键词，直接关系到商品被搜索到的概率及竞争商品数量。如果商品标题组合得当，其中包括了大量买家会搜索到的关键词，并且搜索这些关键词得到的结果中竞争商品又比较少，那么该商品就占据了很大的搜索优势，从而能获得更多的搜索流量。

（二）标题的选择

为商品设计标题关键词非常重要，卖家靠自己的脑力和眼界是不够的，还需要借助很多网站和工具来发现搜索量大、转化率高的关键词，收集到表格中，再进行数据分析。

（1）搜索下拉框

卖家可以在搜索框中输入某商品的最核心的关键词，查看这种商品可用的相关关键词，这些词都是平台经过数据统计后得出的与该关键词相关且搜索量较高的词，在这些关键词的右侧会显示对应的搜索结果数量。

（2）搜索词分析

卖家可以在“数据纵横”中的“搜索词分析”中查看某行业商品一周或者一个月内搜索人气最高的关键词数量，单击“搜索人气”右侧的三角形调节按钮，可以进行排序分析。

（3）热门搜索排行榜

卖家可以在“Google 趋势”中寻找人气关键词。在 Google Trends 中进入“热门搜索排行榜”，设置好“国家/地区”“时间”“所有类别”，进入“探索”界面，添加好相关字词，即可以查看到相关词的搜索热度随时间变化的趋势对比图并进行分析。

卖家从各个渠道收集到关键词，如何找出最佳的关键词同样需要数据分析。分析关键词的四个基本要点是：搜索人气、点击率、转化率、商品数量。那些搜索人气、点击率、转化率都很高并且商品数量很少的关键词就是优质关键词。

（三）标题的优化

无论是淘宝还是速卖通都对搜索框中的商品标题字符数进行了限制，所以卖家要做的就是最大化地利用标题容量，做到不浪费容量、词语覆盖面广、关键词精准。正确利用筛选后的关键词组合标题，才能做到覆盖面广、足够精准。卖家可以参考图 5–3 所示的标题组合公式。

核心关键词 + 属性卖点词 + 营销词 + 类目相关词 = 标题

图 5–3　标题组合公式

（1）核心关键词

核心关键词就是指形容一件商品最本质的词语。例如，这件商品是“jean（牛仔裤）”，那么“jean”就是标题中必不可少的一个词，即核心关键词。核心关键词说明了一件商品是什么，也是买家搜索最多的词。

（2）属性卖点词

属性卖点词是描述商品的特点、优点的词。例如，关键词“Floral skirts（碎花裙）”中的“Floral（碎花）”就属于卖点词，说明服装的特点是碎花。又如“women”（女性）这个词，可以说明商品的使用人群是女性而不是男性。类似的词语还有“fashion（时尚）”“trend（趋势）”“2018”等。属性卖点词在商品标题中的占比较大。

（3）营销词

营销词就是吸引买家的词，以增加商品在同类商品中的竞争力，如“free shipping（包邮）”。这样的词语并不是必须要有的，如果商品标题规定容量没有用完，就可以添加。

（4）类目相关词

类目相关词的作用就是增加商品被搜索到的概率。例如，牛仔裤商品是属于裤子大类目，所以商品标题中可以添加上“裤子”这个词。因为有的买家购买目的不明确，或者是不善于精准搜索，就可能在购买牛仔裤商品时直接搜索“裤子”这个关键词。

下面来看一个例子。在速卖通首页中搜索“With thick cotton-padded clothes female winter（冬季女式加厚棉衣）”后，出现在首页的部分商品如图 5-4 所示。这些关键词是想要购买棉衣商品的用户常常会用到的关键词，十分普通，搜索量也很大，但是出现在首页的商品除开店铺评分等权重因素外，商品本身的标题一定是有独到之处的。下面就以图中第一个商品为例，分析一下标题组合公式。

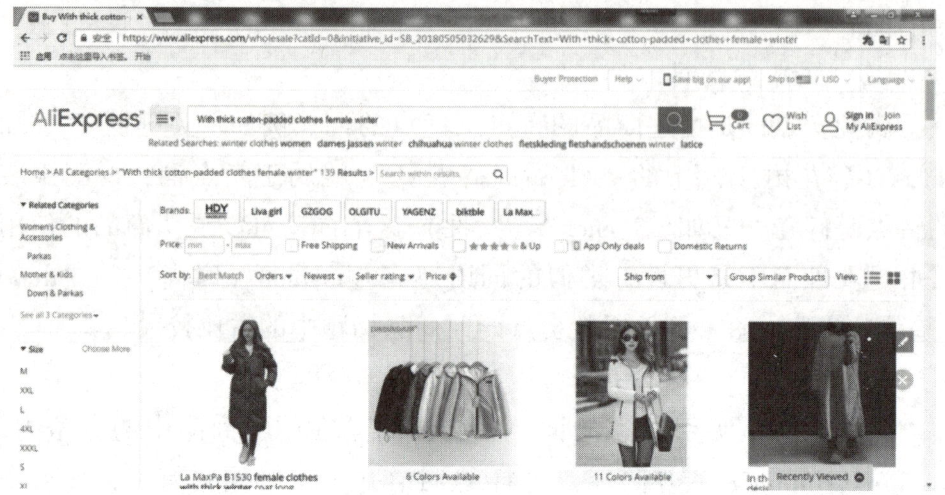

图 5-4　速卖通首页

①核心关键词：棉衣衣服。说明商品是什么。

②属性卖点词：2016、春秋、女性、高品质、冬季、大尺寸、短。说明了这件商品的特点。

③营销词：无。因为服装类商品的属性卖点词一般比较多，所以通常不会出现不能用完可用字节的情况，自然也就没有位置来添加营销词，而且营销词的搜索量相对较少。

④类目相关词：棉袄、外套、大衣。之所以说这三个词是类目相关词，是因为在标题中，“棉袄”与“棉衣”意思相近，重复就是为了最大限度地覆盖买家搜索，也就是说将商品与所属类目的相关性加大。同样，“外套”和“大衣”这两个词虽然没有与之对应的意思相近词，但是棉衣可以是外套商品，也可以是大衣商品，所以增加这两个词来加强与类目的联系。

三、流量分析

（一）流量的来源

店铺的流量根据买家的行为分为站内和站外两种渠道，站内流量又分为免费流量、付费流量和自主访问流量。免费流量是卖家最喜欢的流量，因为这种流量不花钱，是买家主动搜索产生的，当买家的目的性很强时，就容易生成订单。付费流量就是卖家通过付费的方式得来的流量，例如投放直通车，买家点击一次带来一个流量，卖家需要为这次点击付费。自主访问流量是买家主动从购物车、收藏夹或已买到的宝贝等途径打开店铺的商品详情页而产生的流量。站外流量是指通过平台之外的链接进入商品的详情页的流量，如图 5-5 所示。

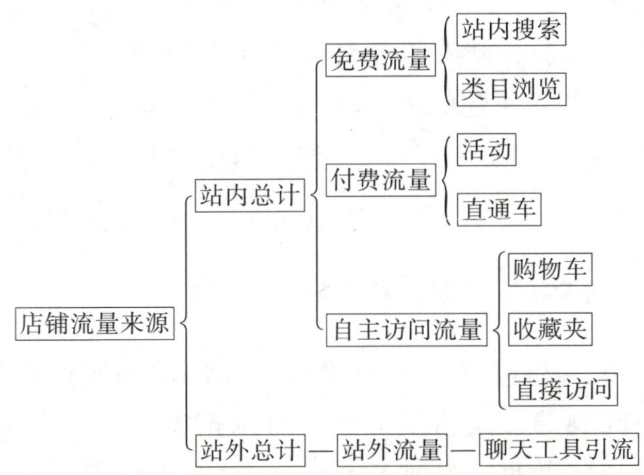

图 5-5　店铺流量来源

（二）流量数据分析

店铺的四种流量（见图 5-5）对卖家来说意义是不一样的。自主访问流量越大，代表店铺的老客户越多，说明卖家的店铺具有一定的品牌效应。通常情况下，自主访问流量的转化率会比较高，正是因为如此，很多卖家都会鼓励买家收藏自己的店铺或店铺中的商品。如果自主访问流量下降，卖家就需要注意店铺的经营策略是否伤害到了老客户。

免费流量大，代表卖家的速卖通 SEO 做得不错，店铺的评分、商品的排名都很好。免费流量通常是店铺各类型流量中占比最大的。

站外流量大，代表卖家在电商平台外下的功夫多，这类流量也相对比较便宜。不过由于站外流量多是站外的一些途径，如论坛、邮件、Facebook、Twitter 等聊天工具等引入的，所以转化率往往会比较低。卖家需要注意的是不能让这部分流量的占比太大，因为这样容易造成转化率低的后果，而转化率低又会影响店铺的综合评分，导致商品搜索权重下降。

付费流量是要靠卖家付费的，所以这部分流量的占比如果太大，而转化率又比较小，就可能会让卖家营销费用超支。

当卖家发现流量在下降时，就要查看各类型流量数据，分析不同类型流量的数据趋势，找出有问题的流量，然后思考可能会导致这类流量出现波动的因素有哪些，找到关键问题进行优化，如图 5-6 所示。

收集流量数据 → 发现流量问题 → 分析流量数据 → 找到流量问题 → 解决流量问题

图 5-6　流量分析思路

上述思路看似很简单，却可以大大地提高卖家解决问题的效率。而且该思路仅仅是解决问题的一条主线，其中可以拓展的细分思路有很多。例如：卖家查看流量数据，发现是免费流量出现了问题，那么与免费流量相关的因素就有关键词、商品标题、店铺评分、市场变化等，仅仅市场变化这一项就又可以拓展出许多问题：市场变化是因为季节、天气影响，还是推广动态变化等。不仅如此，流量的变化可能不只是单流量的变化，还可能是多种流量的变化，意味着不同问题的发生。例如：店铺免费流量和自主访问流量都发生了变化，与自主访问流量相关的因素是老客户因素，而与免费流量相关的因素是新客户因素。那么卖家就要考虑，是不是说明店铺的某种改变让老客户和新客户都不喜欢，还是店铺的整体风格、模特等的变化所引起的。

（三）流量的策略

（1）直通车广告投放

直通车获得的流量是付费流量，有时候直通车商品就算竞价很高，但是点击率不行，也不能获得靠前排名。直通车广告的投放具有地域性。如果卖家不考虑不同地域买家对不同商品的需求，盲目进行撒网式的直通车广告投放，最后取得的效果肯定是非常不理想的。

通过“行业情报”研究投放地域。卖家可在速卖通中的“数据纵横行业情报”界面中选择店铺要推广的商品的行业，选择一定的时间，在“行业国家分布”中可以看到该行业在各个国家的访客数分布情况以及分布数据。

通过“搜索词分析”探索投放地域。卖家可以在“数据纵横>搜索词分析”界面中选择行业、设置时间，可以查看到该行业商品搜索人气前 10 位的搜索词和每个搜索词的热搜国家。

Google 趋势研究投放地域。卖家可以在 Google 趋势中添加搜索字词，查看各个国家的搜索结果图，根据国家的搜索频率进行分析，确定直通车的广告投放区域。

（2）关注新老客户流量

店铺流量的构成按客户类型可以分为新客户流量和老客户流量，客户流量需要卖家时时关注，一个微小的变化都可能预示着店铺某方面的问题。

培养健康的客户流量比例。网店的流量是否合理与新老客户的流量构成比例有很大的关系。如果新客户流量太大，而老客户流量基本没有，那就表明进入店铺的买家都只进行一次交易后就不再上门，分析说明卖家的店铺或商品存在问题，导致买家不会回头购买。如果老客户流量太大，而新客户流量很小，说明卖家没有新的客源。店铺的老客户流量下降，可能是因为店铺的风格、商品样式发生了改变，导致老客户无法适应这些改变，不再进入店铺，也有可能是店铺做了打折活动，将近来大卖的商品大降价，让老客户觉得之前自己购买的价格不划算，还有可能是因为商品质量出现了问题，让老客户不再信任店铺。而店铺的新客户流量下降，有可能是店铺商品所属行业的销售出现了下降趋势，或者是流量趋势发生了变化，还有可能是店铺被降权、店铺商品的排名发生了变化、商品展示图片的点击率下降等。

卖家都知道速卖通的订单公式：订单数量=流量×转化率，可见流量的大小直接关系到店铺订单的多少，而流量中的新客户流量又是占比较大的流量，所以卖家自然要想办法提高新客户流量。

匹配好商品类目：商品上架后，卖家每周观察标题组成关键词的流量数据，及时将没有流量的词换掉。此外，还要注意标题是否与商品一致、是否与类目相关。利用好营销活动：卖家可以让商品参加活动来吸引新客户，很多新客户一看到“打折”“买一送一”这样的字眼就会心动。用好橱窗推荐：卖家将有销量、转化率高的重点商品优先放入橱窗位，充分利用橱窗位。

四、转化率分析

流量的转化率=（产生成交的流量/总流量）×100%，代表每个流量能带来多少订单的转化。网店的转化率关系到店铺很多问题，涉及的知识点也很多，如果卖家对转化率的类型不了解，对各项转化率数据背后的意义没有深刻的认识，是很难提高店铺的转化率的。

（一）静默转化率

静默转化率的产生过程如图 5-7 所示，访客进入店铺后没有咨询客服、自己下单购买商品所产生的。静默转化率是卖家最为喜欢的一种转化率。静默转化率相关的因素有价格、评价、详情页设计、商品描述、店铺装修、活动因素。

访客进入店铺→浏览商品详情页→下单购买商品→产生静默转化率

图 5-7 静默转化率的产生过程

价格：商品的价格不仅影响着商品的搜索权重，还影响了进入店铺的买家购买商品的决心。卖家要想消除价格对静默转化率的影响，就要围绕“什么价格最有可能让买家下单”这样一个中心问题进行分析。

评价：无论是对于卖家还是买家，评价都很重要，一是因为新的买家可以从评价中看到之前未引起注意的商品补充介绍；二是相对于卖家的详细商品介绍，客户的商品介绍更具有客观性和说服力。所以，稍微有点购买经验的买家都会在下单前查看商品的评价。客户的评价在很大程度上会影响卖家店铺的商品静默转化率。

详情页设计：买家对商品了解和进行质量的判断在很大程度上依赖于商品详情页，所以商品详情页的设计十分重要。详情页内容版块最少要包括这几个区域：用来向买家全方位展示商品的各属性效果的商品主图展示区；用来向买家介绍商品特点的文字区，如样式、材质、价格、尺寸和颜色等；买家想了解的物流信息并引导买家持续访问、收藏商品；买家想了解的商品的相关说明、卖方保证以及买家的信息保护；商品详情页的整体颜色、版块的布局设计都要尽量做到让买家消除在商品质量、物流等方面的疑虑，放心购物。

商品描述：商品描述严格来说是属于商品详情页的内容，但是它对转化率的影响很大，卖家要格外重视。商品标题中含有的关键词与商品详情页中的描述一定要一致。卖家在设置商品详情时，还要注意商品文字描述是否符合商品的真实情况。

店铺装修：店铺装修对店铺转化率的影响很大，一个店铺装修得美观、专业，会让买家从心理上产生一种信任感，对提高转化率有直接的关系。如果店铺的装修毫无风格可言，整体配色乱七八糟，买家的第一感觉就是店铺不专业，商品质量应该也不会好到哪里去，从而造成访客流失，转化率降低。

活动因素：出于消费者都喜欢买便宜、实惠的商品的心理，商品的打折促销、买就赠、包邮等活动往往会对消费者产生很大的吸引力，所以活动促销也是影响转化率的重要因素。

（二）关注下单支付转化率

与下单支付相关的转化率有 3 种，分别是下单转化率、支付转化率、下单—支付转化率，这 3 种转化率的公式如下所示，假设数据取值为同一固定时间。

下单转化率：（下单买家数）/（店铺访客数）×100%

支付转化率：（支付买家数）/（店铺访客数）×100%

下单—支付转化率：（支付买家数）/（下单买家数）×100%

与下单支付相关的这 3 种转化率所代表的意义大不相同，所以当这 3 种转化率出现问题时，卖家思考的方向也要有所不同。下单转化率更考验店铺和商品带给访客的感受，如果两者都给访客带来了很好的感受，那么下单转化率就会提高。

支付转化率代表的是最终成功达成交易的买家比例，卖家可以将支付转化率与下单转化率相比较进行分析，如果支付转化率比下单转化率低太多，就要考虑是不是客服在与买家交流时一味地重视下单量，而不在意买家本身的需求。

下单—支付转化率代表下单的访客中最终进行支付的比例。当下单—支付转化率太低，例如低到 80%时，就代表有 100 个人下单，却只有 80 个人付款。到了下单这一步，就说明访客的购买意向已经非常强烈了，但是又放弃了付款，那么卖家就要考虑是什么原因造成这些人放弃了购买，如是否是商品有什么问题，或者是价格太高让访客有心购买却无力支付，还是买家忘记付款了等原因。

（三）监控与关键词相关的转化率

衡量一个关键词的好坏，除了关注它的搜索量大小外，转化率也是很重要的一个指标。如果一个关键词搜索量很大，但是转化率很小，就好像是实体店中销售一个新款的商品，看的人多，买的人少。造成转化率低的原因就是卖家的关键词使用不当，进而影响了商品的搜索权重。在卖家后台的“数据纵横>商机发现>搜索词分析”中，卖家可以查看与商品相关的很多关键词数据以及指标值，其中包括了“浏览—支付转化率”数据，卖家可以进行选词分析。

知识考查与技能训练

本章习题请扫码获得。

第三篇

跨境电商网络营销及网络推广

第六章　跨境电商网络营销方法体系

【学习目标】

本章旨在让学习者了解主流的跨境电商网络营销工具；了解主流的跨境电商网络营销方法及其特点；掌握跨境电商网络营销方法体系。

通过本章的学习，应掌握以下知识（技能）。

1. 能够熟练使用网络营销工具。

2. 能够根据跨境目标市场特点，选择合适的网络营销方法。

3. 能够组合使用网络营销方法，达到营销效果最大化。

【基本概念】

搜索引擎营销、许可 E-mail 营销、网络广告、病毒性营销、社会化营销、事件营销、口碑营销、整合营销传播

第一节 搜索引擎营销

一、搜索引擎认知

搜索引擎（ Search Engine）是指根据一定的策略，运用特定的计算机程序从互联网上搜集信息，在对信息进行组织和处理后，为用户提供检索服务，将用户检索相关的信息展示给用户的系统。百度和谷歌等是搜索引擎的代表。

2015 年 1 月发布的《第 35 次中国互联网络发展状况统计报告》显示：利用互联网开展过营销活动的受访企业中，搜索引擎推广使用率高达 53. 7%，仅低于即时通讯工具推广使用率。

目前个人互联网络应用状况中搜索引擎成为网民第二大最常使用的应用，仅次于即时通讯，如表 6-1 所示。

表 6-1　2013-2014 年中国网民各类互联网应用的使用率

应用	2013 年		2014 年		全年增长率
	用户规模（万）	网民使用率	用户规模（万）	网民使用率	
即时通讯	53215	86. 2	58776	90. 6%	10. 4%
搜索引擎	48966	79. 3%	52223	80. 5%	6. 7%
网络新闻	49132	79. 6%	51894	80. 0%	5. 6%
网络音乐	45312	73. 4%	47807	73. 7%	5. 5%
网络视频	42820	69. 3%	43298	66. 7%	1. 1%

二、搜索引擎分类

（一）全文检索搜索引擎

全文检索搜索引擎是目前广泛应用的主流搜索引擎，国外代表有Google，国内则有著名的百度。

它们从互联网提取各个网站的信息（以网页文字为主），建立起数据库，并能检索与用户查询条件相匹配的记录，按一定的排列顺序返回结果。

当用户用关键词查找信息时，搜索引擎会在数据库中进行搜寻，如果找到与用户要求内容相符的网站，便采用特殊的算法——通常根据网页中关键词的匹配程度、出现的位置、频次、链接质量来计算出各网页的相关度及排名等级，然后根据关联度高低，按顺序将这些网页链接返回给用户。这种引擎的特点是全文搜索效率比较高。

（二）目录索引

目录索引也称为分类检索，是因特网上最早提供网络资源查询的服务，主要通过搜集和整理因特网的资源，根据搜索到的网页内容，将其网址分配到相关分类主题目录的不同层次的类目之下，形成像图书馆目录一样的分类树形结构索引。目录索引无须输入任何文字，只要根据网站提供的主题分类目录，层层点击进入，便可查到所需的网络信息资源。

目录索引虽然有搜索功能，但其严格意义上不能称为真正的搜索引擎，只是按目录分类的网站链接列表而已。用户完全可以按照分类目录找到所需要的信息，不依靠关键词进行查询。目录索引中最具代表性的有Yahoo、开放式分类目录DMOZ等这些大型目录。

目前，搜索引擎与目录索引有相互融合渗透的趋势。原来一些纯粹的全文搜索引擎现在也提供目录搜索，如Google就借用Open Directory目录提供分类查询。而像Yahoo这些老牌目录索引则通过与

Google 等搜索引擎合作扩大搜索范围，这种引擎的特点是寻找的准确率比较高。

（三）垂直搜索引擎

垂直搜索引擎是 2006 年后逐步兴起的一类搜索引擎。不同于通用的网页搜索引擎，垂直搜索专注于特定的搜索领域和搜索需求（例如，机票搜索、旅游搜索、生活搜索、小说搜索、视频搜索等），在其特定的搜索领域有更好的用户体验。相比通用搜索动辄需要数千台检索服务器，垂直搜索需要的硬件成本低、用户需求特定、查询的方式多样。

（四）集合式搜索引擎

该搜索引擎类似元搜索引擎，区别在于它并非同时调用多个搜索引擎进行搜索，而是由用户从提供的若干搜索引擎中进行选择，例如，搜网（so. wang. com）是典型的集合式搜索引擎。

三、搜索引擎营销

搜索引擎营销（Search Engine Marketing，SEM）是利用搜索引擎的特点，根据用户使用搜索引擎检索信息的机会，配合一系列技术和策略，将更多的企业信息呈现给目标客户，从而使其盈利的一种网络营销方式。搜索引擎营销是以关键词搜索为前提，以企业盈利为目标的目前应用最广泛，时效性最强的一种网络营销推广方式，被广大的中小企业作为企业营销的首选推广策略。

搜索引擎营销得以实现的基本过程是：企业将信息发布在网站上成为以网页形式存在的信息源；搜索引擎将网站网页信息收录到索引数据库；用户利用关键词进行检索（对于分类目录则是逐级目录查询）；检索结果中罗列相关的索引信息及其链接 URL；根据用户对检索结果的判断选择有兴趣的信息并点击 URL 进入信息源所在网页。这样便完成了企业从发布信息到用户获取信息的整个过程，这个过程也说明了搜索引擎营销的基本原理和基本过程，如图 6-1 所示。

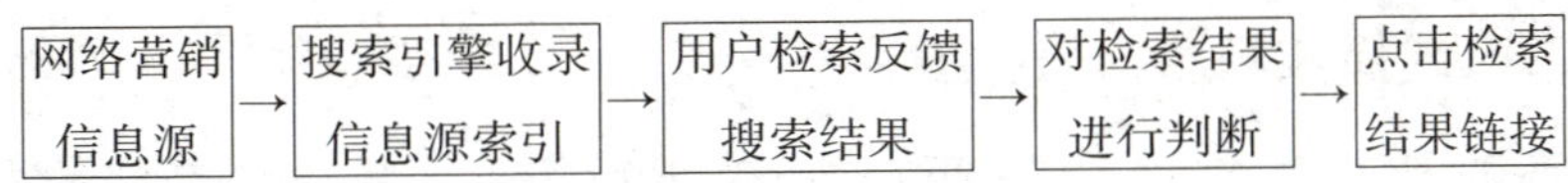

图 6-1　搜索引擎营销的基本过程示意图

搜索引擎营销策略主要包括关键词广告、搜索引擎优化、竞价排名等方式，通过对网站结构（内部链接结构、网站物理结构、网站逻辑结构）、高质量的网站主题内容、丰富而有价值的相关性外部链接进行优化而使网站对用户及搜索引擎更加友好，以获得在搜索引擎上的优势排名，为网站引入流量。

例如，查看敦煌网（www. dhgate. com）在搜索引擎谷歌（htps：//www. google. com）中的表现，假设顾客在谷歌搜索栏中输入搜索词"dhgate"，出现在搜索结果第一条的是敦煌官方网站，从"广告"字样不难判断出是通过关键词竞价排名而排在搜索结果的第一位；第二条则是因为敦煌网站结构和内容描述和搜索关键词一致。同时在后面的搜索结果中，也可以发现敦煌网在 Facebook、Youtube 出现频率也挺高，有相当不错的知晓度。

四、搜索引擎基本模式和选择技巧

（一）基本模式

主要有搜索引擎分类目录、搜索引擎化、关键词广告和网页内容关联广告四种模式。搜索引擎营销的具体方法包括竞价排名、分类目录登录、搜索引擎登录、付费搜索引擎广告、关键词广告、来电付费广告、搜索引擎优化（搜索引擎自然排名）、地址栏搜索、网站链接策略等。搜索引擎营销追求最高的性价比，以最小的投入获得最大的来自搜索引擎的访问量，并产生商业价值。用户在检索信息时使用的关键字反映出用户对该问题的关注，这种关注正是企业需要的，这也是网络营销活动中常常使用搜索引擎营销的根本原因。

（二）选择技巧

如果您想进入欧美和中东、非洲市场，搜索引擎排名将直接影响到营销推广效果。众多企业多年的海外推广经验表明，选择排名靠前的搜索引擎进行营销能够让企业获得更佳的推广效果。企业网站和产品一旦出现在这些搜索引擎上，它将成为您面向全球客户的宣传产品服务的行销渠道。如果搜索引擎排名在前3位，企业将比其他竞争对手更早一步吸引到目标客户，进一步扩大外销渠道，获得大量出口订单变得更加容易，从而实现企业利益最大化。

以下是全球最出名的搜索引擎名录

第 1 类：Google 系（Google、Lycos、About、Infosapce、Hotbot、Ask、Iwon、ZDNet、Netscape、Search、Canada、Free、Amazon、Bizrate、Goto、Sapo、Shaw、Biglobe、Information）。

第 2 类：Yahoo 系（Yahoo、MSN、Overture、Excite、CNN、AltaVista、Alltheweb、Go）。

第 3 类：Business。

第 4 类：AOL。

第 5 类：Kellysearch。

五、搜索引擎营销原理

传统营销需要选择目标市场，通过创造、传递、传播优质的客户价值，获得、保持和发展优质客户。而在互联网时代，网站由于其内容丰富、查阅方便、不受时空限制、成本低等优势，广受商家的喜爱，成为传递、传播价值的主要手段，并在获得、保持和发展客户方面呈现出强大的潜力。所以，围绕网站的营销活动越来越丰富。

搜索引擎一旦收录了商家的网站，当有网民搜索相关信息的时候就可以展现出来。感兴趣的用户点击搜索结果页上的链接，进入商家的网站，浏览产品信息，注册成为会员，留下联系方式，定制感兴趣的资料列表，甚至通过网页注明的销售电话或在线购物完成购买。

在互联网泡沫退去后，用于烧眼球的门户网站上的图片广告预算被大幅缩减。而搜索引擎给推广商家网站带来的访问者是正在主动搜寻相关信息的网民，体现出更高的相关性以及更高的购买欲望。越来越多的商家开始重视搜索引擎带来的效果，与之相关的研究和探讨最终造就了搜索营销的体系，这个体系的日益完善也推动了对搜索营销价值的广泛认同，在搜索营销上投入的预算呈现快速增长的趋势。由于大量的网民在搜索过程中表达了真实的欲望和需求，对同一个关键词进行搜索的网民会呈现出对特定信息强烈的兴趣倾向，于是，推广商家可以通过购买特定关键词来选取受众，并在不同关键词的搜索结果页上传达有针对性的信息。同时，在效果追踪工具的帮助下，推广商家可以及时清晰地分辨出哪条信息或哪个关键词带来了实际效果，从而灵活调整购买的关键词列表和出价，追求最佳效果。

我们可以将搜索推广定义为这样的一种营销方式：用关键词来锁定不同人群，通过相关搜索结果页和网站上有针对性的信息与搜索引擎用户进行互动来达到营销的目的。也就是说，我们可以认定搜索不同关键词的搜索者都各自有一些独特的兴趣点或社会属性，而营销者可以基于关键词来细分有不同兴趣点和社会属性的目标受众，选择有针对性的搜索结果信息和网页与之沟通，达到精准营销的目的。

六、搜索引擎优化

搜索引擎优化（Search Engine Optimization，SEO）是指在了解搜索引擎自然排名机制的基础上，对网站进行内部及外部的调整优化，改进网站在搜索引擎中的关键词自然排名，获得更多的流量，从而达成网站销售及品牌建设的目标。通过搜索引擎优化，一方面可以让用户更好地体验，让用户在使用网站时能够不假思索地点击网站，寻找到所需的信息；另一方面也让搜索引擎更容易提取企业网站所有页面并被抓取。

（一）关键词

确定适当的关键词是 SEO 的第一步，也是必不可少的一步。研究关键词才能确保这个关键词确实有网民在搜索，没人搜索的词没有任何价值。确定什么样的关键词也决定了网站内容规划、链接结构、外部链接建设等重要后续步骤。

（1）关键词策略

根据潜在客户或目标用户在搜索引擎中找到你的网站时输入的语句，产生了关键词（Keywords）的概念，这不仅是搜索引擎优化的核心，也是整个搜索引擎营销都必须围绕的核心。

研究目标关键词的重要性有以下几个方面。

一是确保目标关键词的搜索率。选择目标关键词时常常想到公司名称或者产品名称，但是当企业或者网站没有品牌知名度时，没有用户会搜索公司名或网站名，产品名称如果不包含产品的通用名称，也往往没有人搜索。

很多时候即使使用行业最通用的名字，也不一定有足够的真实搜索次数。如“网络营销”这个词，百度指数显示该词每天被搜索 2000 次左右，其中不少是来源于相关关键词的搜索，比如“网络营销方式”“网络营销方案”“网络营销实战宝典”“网络营销优势”“网络营销培训”等。由此可见，用户对同一关键词有不同的需求，这也就影响用户最终的点击。在这里我们要学会判断该词的真实搜索次数。要确定适当的关键词，首先要做的是，确认用户搜索次数达到一定数量级。如果在这方面做出错误的方向选择，对网站的影响将会是灾难性的。

二是降低优化难度。找到搜索量的关键词，不意味着要把目标定在最热门、搜索次数最多的词上。虽然搜索“新闻”“租房”“机票”“旅游”等这些词的用户很多，但是对中小企业和个人站长来说，要把这些词做到前几位，难度非常高。因此，在选择关键词的时候要考虑被搜索次数较多，同时竞争不是很激烈的关键词。

三是寻找有效流量。对搜索引擎营销来说，排名和流量都不是最终目的，有效流量带来的转化才是最终目标。假设网站提供电子商务解决方案和服务，将关键词定为“电子商务”，一般来说并不是很好的选择，因为搜索“电子商务”的用户动机和目的是什么很难判定。用户有可能是在寻找电子商务服务，但也可能是寻找电子商务专业报考指导，也可能是寻找电子商务资格考试内容等，这样就很难将提供电子商务解决方案的网站的用户转化为付费客户。

如果把核心关键词定为“西安电子商务”，针对性就要强很多，用户已经透露出一定的购买意向。再进一步，如果目标关键词定为“西安电子商务运营”，则购买意向或者说商业价值更高，几乎可以肯定这个用户是在寻找本地专业的电子商务服务，这样的搜索用户来到相关网站，转化为客户的可能性将大大提高。

四是搜索多样性。搜索词并不局限于我们容易想到的热门关键词。用户使用的搜索词五花八门，很多是站长所想象不到的。随着搜索经验越来越丰富，网民已经知道搜索很短的、一般性的词，往往找不到自己想要的内容，而搜索更为具体的、比较长的词效果更好。做过网站的人都会从流量分析中发现，很多用户现在不仅仅搜索关键词，甚至搜索完整的句子。所以用户除了搜索行业通称，还在搜索那些更具体的词，网站根据这些词和搜索次数的多少，才能确定网站核心关键词。

五是挖掘行业关键词。了解了行业状况和其中的一些主流企业，那么对该行业的主要产品就有了大致的了解，然后就可以从四个方面来发掘关键词：首先是产品和服务的名称，因为用户一般都会输入产品或服务的名称来进行搜索，而不是输入公司名称，除非你的公司是业内著名公司；其次是产品或服务的通用名称、别名等，如关键词“手提电脑”，有的搜索者可能用“笔记本电脑”“便携式电脑”等搜索；再次是产品或服务的简称、行业简称；最后把产品和服务名称与地域、品牌、行业等进行组合，也能产生出好的关键词，如“旅游”

“西湖旅游”“杭州旅游”等。

另外，还有一些丰富关键词的方法。首先搜索行业主关键词，依次查到相关关键词，如一家生产沙发的企业，可以依次用“沙发”“真皮沙发”“布艺沙发”“工艺沙发”等搜索，从而找到更多相关搜索结果，获得行业关键词的集合，并做适当的筛选；其次可以利用百度的关键词推荐工具，也可以采用 Google 的关键字工具，还可以利用阿里巴巴的类目或者关键词查询工具获取更多关键词。

六是分析关键词竞争性。依据关键词相关性、关键词搜索量、关键词商业价值三个方面的指标，从行业关键词集合中筛选出适合企业的有效关键词。到搜索引擎上用已选的关键词搜索，看看这些行业站点在搜索结果中排在什么位置，从而获得该关键词的重要性程度、竞争情况等信息，这样就可以大体把握行业概况，如化工行业、家电行业、钢铁行业、车行业、绿色环保行业等。如果在搜索结果中排在前几位的站点大多属于个人网站，则说明行业竞争性不强，可以采用广告联盟形式推广；如果在搜索结果中排在前几位的站点大多属于简单企业网站，则说明行业竞争性比较强，可以部分采用关键词竞价广告推广。

七是分析网站日志。搜索引擎营销产生一定效果以后，需要仔细研究网站日志、文件，研究用户是通过搜索哪些关键词来到你的网站的，用户对什么感兴趣，哪类文章需要加强以及哪些关键词有更高的潜力等。找到这些有潜力的关键词后，后续的推广就可以做到有的放矢。

（二）选择关键词的原则

一是关键词要有针对性。过于宽泛的关键词带来的无效流量居多，订单转化率的可能性也很低，还会损失大量的推广费用。具体、有针对性的关键词可以带来大量的有效流量，而且具有很高的客户转化率。

二是核心关键词要简单、通俗。为了最大可能地吸引潜在用户，一般选用行业当中比较热门、简单、通俗的关键词。

三是以搜索者的视角确定关键词。网站经营者、设计者由于过于熟悉自己的行业和自己的产品，在选择关键词的时候，容易想当然地觉得某些关键词是用户会搜索的，但真正的用户思考方式和商家不一定一样。比如说一些技术专用词，普通客户可能很不熟，也不会用它去搜索，但卖产品的人却觉得这些词很重要。所以在选择关键词的时候，应该做一下调查，比如向你的客户调查一下，如果要搜索这类产品，则他们会用什么词来搜索。

四是选择搜索量大的关键词。搜索量大的关键词意味着被更多地搜索，更多的曝光率和更多的客户访问量，从而能够获取大量的潜在客户。

五是商业价值。不同的关键词有不同的商业价值，就算长度相同，也会导致不同的转化率。比如检索“鲜花花语”“鲜花图片”“鲜花价格”“鲜花速递/鲜花配送”等关键词，用户行为后的意图大不相同，其商业价值也不同。

（三）优化关键词排名

随着网络的发展，网站已数以亿计，人们习惯了从互联网中搜索自己需要的资料。但是庞大的数据量让人们很难在短期内找到自己需要的信息，通过搜索引擎能更快、更准确地搜索到所需信息。搜索引擎技术在不断发展，逐渐成为网络信息查询不可缺少的工具。对于企业而言，随着网络的发展，网络营销已经成为公司营销的一个重要组成部分。企业的网站不再是个单纯的展示信息的平台，网站在搜索引擎中有好的排名，不仅会给一个网站带来极大的流量，订单也会随之增加。

七、搜索引擎营销特点

如果采用免费的搜索引擎优化策略，则有以下特点。

①最大的优点是几乎免费，投入很低，只需要付优化人员的工资就好，但是一旦获得好的排名，回报是相当巨大的，优化人员在坚持正确的优化方法时，会保证排名的稳定或是增长。但是优化人员需要付出很多的精力，比如查看友情链接、网站日志等，长期对网站进行维护。

②用户更愿意相信自然搜索结果的信息，认为自然排名结果靠前的网站都是有实力的网站。不同搜索引擎排名相互影响，一个搜索引擎排名做好了，其余的搜索引擎也会获得很好的排名；但是要不断研究搜索引擎的算法，了解搜索引擎偏好，随时对网站进行调整优化。

③可以避免竞争对手的恶意点击。并且一般好的网站的内容也优化得很到位，不会出现选择错误的关键词这种情况，带来的用户也是精准的客户。但是优化网站的周期太长，一般想把一个站优化到首页，需要 3~6 个月的时间，不如竞价排名有立竿见影的效果。

如果采用付费的竞价排名、关键词广告等策略，则有以下特点。

①一个新网站想要流量和知名度，采用付费的竞价排名、关键词广告可以很快让网站获得排名，并为网站带来订单，效果立竿见影。但是需要支付一定费用，企业要有相应的预算，关键词广告按点击付费，只要有点击不管有没有成交都要付费，而且是按竞价关键词的热门程度来进行收费，你所在行业的关键词热门，那你为每一次点击买单的花费就越多。关键词如果是行业的热门关键词，那你为每一次点击买单的花费就越多。

②对用户的冲击性比较大，容易留下深刻的印象。推广一段时间之后，即使不再继续做竞价推广，也已经把你自己的产品信息植入了用户的脑海。自然排名和竞价排名相比，用户对于这个竞价的网站的信任度也是很低的。有时还可能会被竞争对手恶意点击，会使企业付出很多的资金。

第二节 社会化媒体营销

“社交”指社会上人与人的交际往来，是人们运用一定的方式传递信息、交流思想，以达到某种目的的社会活动，互联网诞生后，人们的部分社交活动从线下转移到了线上，针对人们的社交需求产生的互联网应用也较多，主要包括社交网站、微博、微信、百科、问答、博客、论坛等。

社会化媒体营销的主要特点是：网站内容大多由用户自愿提供（UGC），而用户与站点不存在直接的雇佣关系。社交网络出现后，传统口碑传播速度慢、范围窄、受制于地理和时空的瓶颈被彻底打破。

与此同时，口碑传播通过互联网和社交网络的放大，其精准、可靠、转化率高等原始属性得到了释放。

一、微博营销

微博营销是指通过微博平台为商家、个人等创造价值而执行的一种营销方式。该营销方式注重价值的传递、内容的互动、系统的布局、准确的定位，微博的火热发展也使得其营销效果尤为显著。微博营销涉及的范围包括认证有效粉丝、话题、名博客、开放平台、整体运营等。当然，微博营销也有其缺点：有效粉丝数不足、微博内容更新过快等。自 2012 年 12 月后，新浪微博推出企业服务商平台，为企业在微博上进行营销提供一定帮助。下面来看一下企业微博营销的运营。

（一）企业微博营销定位

对于企业来说，要明确通过微博你想做什么，达到什么效果，也即微博的功能定位。这一定位的确定限制了微博企业的发布内容，也就是说微博的内容应该是功能定位决定。以凡客的官方微博运营为例，凡客应有两个官方微博账号：一个承担媒体的功能，公司有重大新闻公布，都会第一时间在这里发布，措辞风格相对中规中矩；另一个账号是凡客粉丝团，是一个互动平台，主要是组织各种有意思的活动，如打折促销、新品上市等，与粉丝互动，维系品牌忠诚度，提升产品销量。在语言上，粉丝团更加拟人化，以朋友的身份与粉丝沟通。这种划分主要的原因在于：第一个账号的受众主要是本行业的媒体、竞争对手以及投资者，而第二个账号的受众则是消费者。这样就不会因为两个不同的定位，不断切换身份。

（二）企业微博营销架构

企业微博成员包括企业官方微博、企业产品官方微博、企业中国高层管理人员微博和企业员工微博。企业微博在一个大的企业品牌之下，开设多个不同功能定位，与各个层次的网友进行沟通，达到360度塑造企业品牌的目的，就是我们通常所称的微博矩阵。

微博矩阵是指企业通过品牌微博和客户微博，与员工微博、产品微博、粉丝微博和活动微博，形成“4+2”模式下的矩阵分布，企业开展微博矩阵营销可以根据企业规模、品牌及营销人员等进行架构。例如，大企业微博营销模式：企业官方微博、企业产品官方微博、企业中高层管理人员个人微博及若干企业员工微博（视员工意愿而定）。中小企业微博营销架构模式：企业官方微博、中高层管理人员个人微博及若干企业员工微博（视员工意愿而定）。

企业微博还会进行账号认证。账号认证即实名加V，这是微博中的企业微博账号、企业中高层管理人员微博账号、行业内有影响力人物的账号及员工微博账号，要先获得新浪认证。获得认证的好处是：形成较权威的良好形象，微博信息可被外部搜索引擎收录，更易于传播，也容易进入推荐微博名单，获得大量的粉丝，快速提高影响力和传播力；同时也可以预防假冒伪劣，尤其对于认证的企业，发布的产品或活动信息有了公信力，用户也敢于和乐于参与。

（三）企业微博内容营销

在运营微博营销时，撰写高质量的微博内容要注意以下4点。

(1) 图文结合

微博的内容信息尽量多样化，最好每篇文字都带有图片、视频等多媒体信息，这样具有较好的浏览体验；微博内容尽量包含合适的话题或标签，以利于微博搜索。发布的内容要有实用价值。

(2) 长微博营销

长微博是通过图片发布文字信息的一种形式，最主要的作用是突破 140 字限制，但后来通过附带相应文字版本的链接演变为博客和长文章的入口。

(3) 发布时机

企业官方微博每天发布条数为 5～10 条，可以合理利用发布者和用户的空时间，如上班之前、午休时间、下班之后及晚上休息之前这几个时段。

(4) 内容策划

微博营销中，内容是非常重要的。只有内容吸引了用户，才能带来更多的转发和评论，最终影响微博营销的效果。微博内容要吸引人，在找准用户的基础上，“有用的内容/有趣的内容”更容易让用户参与其中，“有用的内容”可以从与用户关联或用户专业性的角度策划；“有趣网络营销”：推广与策划从趣味、幽默和易懂等角度策划。在内容策划方面也可紧跟热点话题，参与讨论，吸引粉丝和引起转发。

(四) 企业微博的互动

(1) 互动交流创造营销机会

很多企业微博上有大量的“僵尸粉”，也有大量的“僵尸博”。“僵尸粉”就是没有几条微博发布，也基本不对别人的微博做任何转发和回复的微博，这样的微博没有任何影响力和生气。“僵尸博”则存在于名人和企业微博之上，几乎不关注任何人，形成一种完全单向的交流通道，完全没有发挥微博的推广作用，使微博成为通告器，这样的微博无人理睬。

微博的价值在于粉丝圈子的存在以及活跃粉丝的互动。为了形成良好的互动交流，企业微博应关注更多的用户，并积极参与回复讨论，将弱关系转化为强关系，在回复和转发中创造营销。

（2）微博的搜索功能实现精准互动营销

通过微博搜索功能，每天及时在微博上的搜索框中检索与企业相关的关键词，与微博用户互动起来，实现精准互动营销。

（五）企业微博的传播

（1）优质内容置顶

发布的优质微博没有及时出现在订阅者和粉丝面前，可以通过其他的微博账号每隔一小时转发或者评论一次，微博就会重新出现在前列，会有更多的曝光机会。

（2）巧用@和私信

@是告知粉丝，能够在打开微博的第一时间，被提示有微博@了他，无论这条微博发布了多久。选择@互粉的听众，这样的回复率会提高。如果没有关注，尽可能不要@他；@粉丝中被关注人数最多的几位，因为这些粉丝的转发，能够获得更大范围的辐射；对于多次@没有任何转发的粉丝，从@名单中去掉。

私信只能由关注的人发给粉丝，并且只能发件人和收件人看到，通过私信可以做点对点精准营销。

二、微信营销

（一）微信营销认知

微信（Wechat）是腾讯公司于2011年1月21日推出的一个为智能终端提供即时通讯服务的免费应用程序。

微信网页版是微信首次进入PC端领域。微信手机版和网页版打通之后，就可以直接在网页浏览器里收发信息，甚至在PC端和手机端之间传输文件、图片。

企业利用微信公众平台（微信公众账号）进行自媒体活动。如商家申请公众微信服务号，通过二次开发展示商家微官网、微会员、微推送、微支付、微活动、微报名、微分享、微名片等，已经形成了一种主流的线上线下微信互动营销的方式。

当前的微信公众平台主要分为服务号、订阅号、企业号3种。

①订阅号：主要偏重于为用户传达资讯（类似报纸、杂志），认证前后都是每天只可以群发一条消息。

②服务号：主要偏重于服务交互（类似银行、114，提供服务查询），认证前后都是每个月可群发4条消息。

③企业号：主要用于公司内部通信使用，需要先有成员的通信信息验证才可以成功关注企业号。

企业在选择订阅号和服务号时，最需要考虑企业的商业模式和客户数量。如果企业公众号专业性强，如房地产、金融证券企业，需要处理很多咨询服务，则可以选择服务号。如果需通过信息资讯引导消费者，则可选择订阅号。

微信营销主要体现在以安卓系统、iOS系统的手机或者平板电脑中的移动客户端进行的营销。商家通过微信公众平台，结合转介率、微信会员管理系统展示商家微官网、微会员、微推选、微支付、微活动，辅以个人微信传播，形成了线上线下微信互动的营销方式。

（二）微信营销方法

（1）个人微信营销

①个人微信营销包装。

头像。头像是个人微信对外沟通的品牌形象，一方面要避免传递浓厚的商业信息，同时要表达个人魅力，因此建议使用积极、阳光、有亲和力的个人形象照片。

昵称。为了便于用户记忆，建议使用中文，最好是真实姓名。

个性签名。个性签名有很多种方式，根据微信号的特点，可以直接展示业务和需求，同时也需要考虑手机屏幕尺寸。如个性签名为“电商数据分析师，欢迎交流”。

朋友圈封面。朋友圈封面的图片可以通过软营销的方式，展示业务或者需求信息。如果个人微信号定义为营销号，可以做一张（软）广告图作为封面，把营销的产品放在图片上。

添加粉丝的方法。当前主要添加粉丝的办法：附近的人、漂流瓶、雷达添加、QQ 好友手机联系人、微信群、微博、行业论坛、知乎、线下扫二维码等。

②个人微信运营。

“建信任、软营销”是开展个人微信营销的核心。建立信任需要 1~3 个月的时间，主要通过互动建立信任感。建立信任是让朋友知道、熟悉并喜欢。正确使用个人微信，以沟通为主，提供有价值的内容给朋友。个人微信营销包括个人形象设计、私聊朋友圈、用户分组管理等内容。

软营销主要通过广告植入内容来吸引粉丝，内容包括文章、话题、活动等。具体的运营思路如下。

第一步：通过微信沟通，和朋友圈里的基础好友建立良好信任，每天坚持互动并对好友进行标签分组，此时不建议直接发广告。

第二步：根据对朋友圈人群的了解，选择目标产品或服务，或者根据目标产品寻找需要这个产品的用户。

第三步：可以通过个性签名或者位置来展示所做的产品，并找到产品所针对的用户圈子。

第四步：互动并融入用户圈子。

第五步：将产品植入故事、植入情感、植入差异化。

第六步：通过活动或者口碑传播，每周发 1~2 条软文信息。

（2）企业微信营销

企业微信公众平台。微信产品总监曾鸣对微信公众平台的作用定义为：互动沟通、用户管理、服务定制。

微信公众账号定位。企业要通过微信公众账号定位来确立品牌形象、目标人群。例如，小米公司的微信公众账号定位为：做发烧友喜爱的手机，专注手机玩家。为公众号取名、描述功能、选择公众类型、设计二维码、设置账号头像以及完善认证环节等代表了企业形象。

平台内部内容建设。内容建设主要是每周向粉丝推送的内容、推送的信息也应该尊重订阅用户的意愿。内容建设要考虑用户关注微信账号的目的是什么？用户希望获取什么？艾媒咨询集团发布的《中国微信公众平台用户研究报告》指出：用户关注微信公众账号的目的主要分为优惠信息、热点话题、娱乐、社交、其他5大类。报告显示：有34%的用户表示关注公众账号主要是为了获取优惠信息或独家信息，26%的用户主要为了关注热点问题，22.9%的用户表示主要为了娱乐或打发时间。

运营团队组建。企业微信运营团队一般包括以下5种类型：新媒体策划、美编、推广、内容编辑和客服。当公司订阅号与服务号同时进行时，这5种类型的人员都需要配备。

微信公众平台的运营。制定每月甚至每周的目标，策划并执行。主要围绕着一切从用户的需求出发，以满足用户的需求为目标。微信公众平台运营的主要内容为：订阅号的内容规划、选择及发布时机，服务号提供客户服务，采集和挖掘老客户的价值，微信公众平台的推广，微信营销效果的量化和评估等内容。

三、即时通讯营销

即时通讯（Instant Messaging）营销是指企业通过即时通讯工具推广产品和品牌，以实现目标客户挖掘和转化的网络营销方式。这里即时通讯营销以QQ为例来进行讲解。

（一）QQ 营销的适用范围

（1）针对特定人群推广

对于受众人群集中，且喜欢在 QQ 群中交流的人群，可使用 QQ 进行推广。比如地方性网站、行业性网站，这类网站的目标用户特别喜欢在 QQ 群中讨论和交流；如减肥、时尚、IT、汽车等产品，也非常适合于 QQ 推广，因为这类产品的用户也非常热衷于在 QQ 群中讨论。

（2）针对固定人群推广

有些产品的客户的黏性较差，可以通过网站官方 QQ 群，引导用户进群，通过群营销，加深对网站的印象。当网站有活动或者新信息时，企业可以通过群来引导客户参与。

（3）低流量指标推广

QQ 推广很难带来大量流量，它更适合一些低流量指标的推广。

（4）推广有针对性的项目

对于一些简单、明确、针对性强的产品和项目，非常适合于 QQ 推广，如一篇文章、一个专题、网络投票、线下活动聚会等。

（5）对现有用户进行维护

如何维护好现有用户？如何提高用户的满意度？这些都可以通过 QQ 进行维护，效果非常好。例如，通过建立官方 QQ 群来指导用户使用产品，通过群来与用户加强联络、增进感情等。

（6）对潜在用户的深入挖掘

如何深入挖掘潜在用户？一方面可以通过 QQ 与未转化用户进行联络及沟通，在适当的时间转化；另一方面也可以继续挖掘已转化的用户，让其进行重复消费。

（二）QQ 营销的技巧

（1）QQ 基本资料的设置

QQ 营销中最关键的一环是 QQ 基本资料的设置。在人际交往过程中，个人形象非常重要，特别是开展商业活动时，给客户的第一印象尤为关键（首轮效应），甚至会直接影响项目的成败。在互联网中，在看不到对方庐山真面目的情况下，如何给客户留下好的印象，解决信任危机呢？答案就是进行 QQ 资料的设置。

①头像要正规。头像要正规、稳重，给人以信任感，突出亲和力。建议使用真人照片做头像。

②昵称要真实。同 QQ 头像一样，昵称也要正规、稳重、有特色、朗朗上口、便于记忆，且有信任感和亲和力。建议可以使用实名。切记，轻易不要改名。

③资料要丰富。QQ 资料设置得越丰富、越详细，给人的感觉就越真实、越可靠，如地区、职业、个人说明等。资料越多越好，但是切记，信息要真实，不能乱写，否则一旦被人发现是假的，将直接产生负面影响。此外，资料内的语言也应该规范。除了设置基本的资料外，最好经常更新 QQ 日志，在 QQ 相册中上传一些照片，这些都会增加真实感和亲和力。

④排名要靠前。一个普通的 QQ 号码，最多可以添加 500 位好友，但是登录 QQ 时，能够第一眼看到的好友最多只有十几个，所以提高在 QQ 中的好友排名非常重要。那些一登录就能看到的，即使不联系也会印象深刻。

⑤互联网上多留名。除了以上 QQ 的基本设置外，建议在互联网上适当地留下自己的 QQ 号等可公开的个人信息，这样可以进一步增加信任感。

（2）QQ 营销技巧

留下好的印象只是第一步，而 QQ 营销的本质还是在于与用户的互动交流。具体的话术技巧与传统营销差别不大。在这里要考虑沟通中的注意事项：语气助词要慎用，图片表情要慎发，聊天速度要适当，字号、字体莫乱改，弹窗震动莫乱发，注意礼貌，要客气，快捷短语、自动回复要注意等，总之沟通时多考虑对方的感受，多尊重对方，对方才能为我们着想。

（3）QQ 群营销技巧

QQ 群推广是最常用的平台，也是效果最好的一种方式。开展 QQ 群营销要分成 4 个步骤，即寻找目标 QQ 群，加入目标 QQ 群，建立 QQ 群内信任，植入软广告。

寻找目标 QQ 群。想要开展 QQ 群推广，首先要有足够的群。QQ 群推广的效果如何，也直接取决于群的数量和质量。那么如何才能找到优质的群呢？根据关键字在 QQ 群搜索或者搜索引擎中搜索“目标群”，如健康群、养生群、保健群、广州健康群等。

加入目标 QQ 群。根据群人数、群活跃度、地域进行筛选，活跃度不高的群说明群成员对群感情不深，信任度也不深；相同区域的群成员可以举办线上线下的活动进行推广宣传。同时在加入验证时，验证消息要真诚，带有感情色彩，与群主题相关。

建立 QQ 群内信任。渗透群与群主进行互助合作，同时可以与群活跃成员成为好友互助互利。

植入软广告。通过建立群里信任，在讨论中，你可以进行软文推广或者植入软广告。

（三）即时通讯营销的特点

即时通讯（IM）营销是进行商机挖掘、在线客服、病毒营销的有效利器，是继电子邮件营销、搜索引擎营销后的又一重要营销方式，它实现了企业与客户无延迟沟通。作为即时通讯工具，IM 最基本的特征就是即时信息传递，具有高效、快速的特点，无论是品牌推广还是常规广告活动，通过 IM 都可以取得巨大的营销效果。除此之外，它还有以下 3 个特点。

（1）在线咨询能及时解决问题，提高交易的可能性。

（2）充当最优接触点和综合营销平台的角色。

（3）病毒营销的助推器。

第三节 网络广告

一、网络广告的概念

网络广告就是在网络上做的广告，是应用最广泛的网络营销之一。利用网站上的广告横幅、文本链接、多媒体，在互联网刊登或发布广告，通过网络传递到互联网用户的一种高科技广告运作方式。网络广告的表现形式丰富多彩，目前在国内外的网站页面上常见的网络广告形式大致有标牌广告、按钮式广告、邮件列表广告、墙纸式广告、赞助式广告、电子邮件式广告、推广式广告、插页式广告和互动游戏式广告等。几乎所有的网络营销活动都与品牌形象有关，在所有与品牌推广有关的网络营销手段中，网络广告的作用最为直接。

eMarketer 首席分析师 Victoria Petrock 表示，各行业网络广告支出都在增长。根据 eMarketer 的最新指数，2015 年美国网络广告支出达到 586.1 亿美元，零售业广告占 22.0%，即 129.1 亿美元，远超过其他行业。

二、网络广告的形式

网络广告采用先进的多媒体技术，拥有灵活多样的广告投放形式。目前网络广告投放形式主要有以下 9 种。

（1）横幅广告

横幅广告又称“旗帜广告”，是最常用的广告形式。它通常以 Flash、GIF、JPG 等格式定位在网页中，同时还可使用 Java 等语言使其产生交互性，用 Shockwave 等插件工具增强表现力。横幅广告开始是静态的广告，用户可以点击进入广告主的网站，后来逐渐发展为互动广告。

（2）按钮广告

按钮广告又名“图标广告”，是标语式广告的一种特殊形式，其制作方法、付费方式、自身属性与横幅广告没有区别，仅在形状和大小上有所不同。其由于尺寸偏小，表现手法较简单，一般只由一个标志性的图案构成，通常是商标或厂徽等，它的信息量非常有限，吸引力也相对差一些，只能起到一定的提示作用。

（3）文本链接广告

文本链接广告是以一排文字作为一个广告，点击之后可以进入相应的广告页面。这是一种浏览者干扰最少，却较为有效的网络广告形式。有时候，最简单的广告形式的效果却最好。

（4）电子邮件广告

电子邮件广告具有针对性强、费用低廉的特点，而且广告内容不受限制。它可以针对具体个人发送特定的广告，是其他网上广告方式所不及的。

（5）竞赛和推广式广告

竞赛和推广式广告又名“赞助式广告”，广告主可以与网站一起合办认为公众感兴趣的网上竞赛或网上推广活动。赞助式广告的形式多样，在传统的网络广告之外，给予了广告主更多的选择空间。

（6）软性广告

广告与内容的结合可以说是软性广告的显著特征，从表面上看它们更像网页上的内容而并非广告。在传统的印刷媒体上，这类广告一般都会有明显的标示，而在网页上通常没有清楚的界限。

（7）插播式广告

插播式广告又名“弹出式广告”，在访客请求登录网页时强制插入一则广告或弹出广告窗口，类似电视广告，都是打断正常节目的播放形式，强迫公众观看。插播式广告有各种尺寸，有全屏的也有小窗口的，而且互动的程度不同，从静态广告到全部动态广告都有。浏览者可以通过关闭窗口不看广告（当然电视广告是无法做到的），但是它们的出现没有任何征兆，肯定会被观看者看到。

(8) 富媒体广告

富媒体广告是一种不需要受众安装任何插件就可以播放的整合视频、音频、动画图像、具有双向信息通信和用户交互功能的新一代网络广告形式。它具有大容量、交互性的特性，拥有更大的创意空间，可以更好地展现品牌形象，而其带来的高浏览率、高点击率、高转化率，更使其成为网络营销不可错过的广告形式。

(9) 其他类型广告

其他类型广告主要包括分类广告、视频广告、巨幅连播广告、对联广告、撕页广告等。

三、网络广告的特点

网络广告具有传统媒体广告所无法比拟的优势，具体表现为交互性强、具有灵活性和快捷性、广告成本低廉、感官性强、传播范围广、受众针对性明确等特点。对于企业而言，如何利用网络广告取得最大的收益，取决于多种因素，如广告商的选择、设计是否吸引人、广告投放平台的特点等。

(1) 交互性强

交互性是网络广告的最大特点，信息是双向互动传播。广告受众自由选择信息，不同的受众可以选择不同的广告信息，获取自己认为有用的信息；厂商也可以随时得到消费者的反馈信息。

(2) 传播范围广泛

网络广告的传递不受时空的限制，只要具备浏览互联网的条件，任何人在任何时间、任何地点都可以随时随地阅读网络广告信息。

(3) 针对性强

网络广告可以是广告主直接面对目标消费群体中最可能产生购买行为的潜在消费者。

(4) 精确性强

传统媒介发布广告，很难精确统计广告信息目标受众的数量，而在互联网上，可以通过权威公正的访问统计系统，精确统计出每条广告信息的接触量，更可以了解目标受众接触广告信息的时间和地区分布，从而可以科学地评估广告效果。

(5) 广告发布灵活，成本低

网络广告是一种实时、灵活、低成本的广告形式。在互联网上，广告刊播后，可以方便地根据市场的变化、营销策略的调整及时变更广告内容，使广告活动及时有效地服务于营销策略。

(6) 表现形式多，实效性强

网络广告的载体基本上是多媒体、超文本格式文件，受众对感兴趣的商品可以了解到更为详细的资料，使消费者能够亲身体验这种以图、文、声、像的形式传递多感官商品信息的服务，使目标受众如身临其境般地感受商品与服务，并通过互联网进行订购、交易、结算，极大地增强了网络广告的实效。

第四节 许可 E-mail 营销

一、许可 E-mail 营销的定义

许可 E-mail 营销是在用户事先许可的前提下，通过电子邮件传递价值信息的一种网络营销手段。

许可 E-mail 营销有 3 个基本因素：基于用户许可、通过电子邮件传递信息、信息对用户是有价值的，3 个因素缺一不可，许可 E-mail 营销比传统的推广方式或未经许可的 E-mail 营销具有明显的优势，比如可以减少广告对用户的干扰、增加潜在客户定位的准确度、增强与

客户的关系、提高忠诚度等。

开展许可 E-mail 营销的前提是拥有潜在用户的 E-mail 地址，企业可以从用户、潜在用户资料中自行收集整理这些地址，也可以利用第三方的潜在用户资源。许可性体现在要让潜在顾客有兴趣并感觉到可以获得某些价值或服务，从而加深印象和注意力，值得按照营销人员的期望，自愿加入到许可的行列中去；当潜在顾客投入注意力之后，应该利用潜在顾客的注意，比如可以为潜在顾客提供一套演示资料或者教程，让消费者了解公司的产品或服务；然后继续提供激励措施，以保证潜在顾客维持在许可名单中；可以为顾客提供更多的激励从而获得更大范围的许可，例如给予会员更多的优惠，或者邀请会员参与调查，提供更加个性化的服务等；经过一段时间之后，营销人员可以利用获得的许可改变消费者的行为，也就是让顾客有意购买产品，只有这样，才可以将许可转化为利润。

“新江南”是一家旅游公司，为了在“五一”黄金周之前进行公司旅游项目促销，公司营销人员计划将网络营销作为一项主要的促销手段，其中将 E-mail 营销作为重点策略之一。在多家可提供 E-mail 营销服务的网站中，“新江南”选择了新浪上海站，该网站有一份关于上海市白领生活的电子周刊，订户数量超过 3 万，这份电子刊物将作为本次 E-mail 营销的主要信息传递载体。为了确保此次活动取得理想的效果，计划从 2015 年 3 月 26 日开始连续四周投放 E-mail 营销信息，发送时间定为每周三，前两次以企业形象宣传为主，后两次针对公司新增旅游路线进行推广。接下来该公司的市场人员的主要任务是设计 E-mail 广告的内容，针对内部列表和外部列表分别进行制作，并且每个星期的内容都有所不同。E-mail 营销活动结束后，当网络营销人员分析每个月的公司网站流量时发现，在进行 E-mail 营销期间，公司网站的日平均访问量比上个月增加了 3 倍多，日均独立用户数量超过了 1000 人，而平时公司网站独立用户数量通常不到 300 人，尤其在发送邮件的次日和第三日，网站访问量的增加尤为明显，独立用户数量的最高记录日达到了1500多人。

二、许可E-mail营销的特点

（一）费用低廉

根据美国市场研究公司eMarketer的调查结果，E-mail营销最重要的特点就在于成本低廉而效果显著。

（二）较高的回应率

除了低成本之外，E-mail营销最值得称道之处在于其高回应率。尽管E-mail营销的回应率在最近几年呈逐渐降低的趋势，但相比于其他营销方式的效果仍然比较显著。根据网络广告公司DoubleClick的调查结果，所有行业E-mail营销的平均点击率为8.5%，其中最高的是消费产品行业，点击率为10%。难点在于接收者的兴趣在不断变化，而用户注册资料之后很难及时更新，当他对原来订阅的信息不再感兴趣时，即使不退订，也不会去认真阅读。

（三）针对性强，减少浪费

许可E-mail营销可以针对性地向潜在用户发送电子邮件，与其他媒体广告不加定位地投放广告相比，营销费用大大降低。但是掌握用户信息越来越困难，在很多情况下，用户在网上登记的资料往往不完整或不真实，通常只有一个邮件地址，当用户电子邮箱变更或者兴趣发生转移，原有的资料可能就已经失效了，除非用户主动更换邮件地址，否则很难跟踪这种变化。如果可以掌握用户更多信息，如包含了公司、用户名称、地址、行业和产品等，可以大大提高营销效果。

（四）保密性

与媒体广告、公关等其他市场活动相比，E-mail营销并不需要大张旗鼓制造声势，信息直接发送到用户的电子邮箱中，不容易引起竞争对手的注意。

（五）方便性

电子邮件的传递时间是传统直邮广告等方式无法比拟的，根据发送邮件数量的多少，需要几秒钟到几个小时就可以完成数以万计的电子邮件发送，同样，无法送达的邮件也可以立即退回或者在几天之内全部退回，一个营销周期可以在几天内全部完成。

（六）便于营销效果监测

无论哪一种营销方式，准确、实时的效果监测都不是很容易的事情，相对而言，E-mail 营销具有更大的优越性，可以根据需要监测若干评价营销效果的数据，如送达率、点击率、回应率等。

第五节 网站资源合作

一、网站资源合作的定义

网站资源合作是指通过网站交换链接、交换广告、内容合作等方式，在具有类似目标资源的网站之间实现互相推广的目的。每个企业网站均可以拥有自己的资源，这种资源可以表现为一定的访问量、注册用户信息、有价值的内容和功能、网络广告空间等，利用网站的资源与合作伙伴开展合作，实现资源共享，共同扩大收益的目的。

在这些资源合作形式中，交换链接是最简单的一种合作方式，利用合作伙伴之间的网站访问量资源互为推广，是具有一定互补优势的网站之间的简单合作形式，即分别在自己的网站上放置对方网站的 Logo 或网站名称并设置对方网站的超级链接，使得用户可以从合作网站中发现自己的网站，达到互相推广的目的。

广告资源合作也是一种常用的形式，有的人想投放广告做推广，有的网站想让人投放广告获得盈利，因此，诞生了一种广告联盟平台，他们以广告中介的形式合作。网站主体分为两部分，一部分是广告主，另一部分是网站主。广告主可以投放广告，网站主可以申请广告，相互获利。

二、网站资源合作的特点

网站资源合作最主要优势是互惠互利，相互交换多余的资源或者闲置的资源，充分利用合作伙伴的渠道和用户群，以产生更多的利润和销售；其次可以节省成本，在不影响网站用户体验，广告互换的合作模式情况下，把广告投放到网站上，相互投放，相互推广，不需要花费资金。上述优势也决定了采用此种营销方式时，必须坦诚合作，要处处为对方着想，处处想着对方的利益，这样合作才能长久，关系才能稳固；同时要不断积累自身资源优势，长期整合优质资源，成为受别人欢迎的资源合作伙伴。

第六节 病毒性营销

一、病毒性营销的定义

病毒营销（Viral Marketing）又称病毒式营销、病毒性营销、基因行销或核爆式行销，是指通过用户的网络口碑宣传，信息像病毒一样传播和扩散，利用快速复制的方式传向数以千计、数以百万计的受众。那些鼓励目标受众，把想要推广的信息，像病毒一样传递给周围的人，让每一个受众都成为传播者，让推广信息在曝光率和营销上，产生几何级增长速度的一种营销推广策略。病毒性营销并非真的以传播病毒的方式开展营销，而是通过引导人们发送信息给他人或吸收朋友加入某个程序来增加企业知名度或销售产品与服务。这种方式可以通过电子邮件、聊天室交谈、在网络新闻组或者消费者论坛发布消息进行推广。病毒营销的关键是要正确引导人们的传播意愿并且让人毫不费力地传播。

病毒营销可通过电子邮件、微博、微信、QQ、社交网络、论坛、视频网站、电子书等多渠道发布消息。病毒营销通过自我复制的病毒式传播过程，将信息传向数以万计的受众。

二、病毒性营销的战略要素

网络病毒营销有着极富吸引力的“病原体”，其第一传播者传递给目标群的信息不是赤裸裸的广告信息，面是经过加工的、具有很大吸引力的产品和品牌信息，正是这一披在广告信息外面的漂亮外衣，突破了消费者戒备心理的“防火墙”，促使其完成从纯粹受众到积极传播者的变化，成效倍增。因此，我们有必要分析其传播成功的战略要素。

（一）提供有价值的产品或服务

在市场营销人员的词汇中，“免费”一直是最有效的，大多数病毒式营销战略以提供免费产品或服务来引起人们的注意。例如，免费的E-mail服务、免费信息、具有强大功能的免费软件等。病毒式营销往往意味着报酬滞后，用户可能短期内不能盈利，但是如果能从一些免费服务中刺激使用者高涨的需求或兴趣，获利将是很快的事情。

（二）提供无须努力便可向他人传递信息的方式

病毒只在易于传染的情况下才会传播，因此，携带营销信息的“种子”必须易于传递和复制，如E-mail、视频、图表、软件等。病毒式营销在互联网上得以极好地发挥作用是因为通信变得容易而且廉价，数字格式使得复制更加简单。从营销的观点来看，必须把营销信息简单化。使信息容易传输，越简短越好。

（三）信息传递范围很容易向大规模扩散

为了满足病毒所带来的巨大需求，服务必须适应从小到大的迅速改变。Hotmail 模式的弱点在于免费 E-mail 服务需要有自己的邮件服务器，如果要想这种战略获得成功，就必须迅速增加邮件服务器，否则将抑制需求的快速增加。只有提前对增加服务器做好计划，病毒式营销战略的实施才有可能。

（四）利用公众的积极性和行为

巧妙的病毒式营销战略是利用公众的积极性。在网络的早期，“Netscape Now”按钮需求数目激增是由于人们渴望酷的感觉，渴望体验新的信息获取方式。正是在这种信息需求的驱动下产生了数以百万计的网站和数以亿计的 E-mail 信息，而且有越来越多的人加入进来。因此，建立在公众积极性和行为基础之上的营销战略将会取得成功。

（五）利用现有的通信网络

大多数人都是社会性的，每个人都生活在一个包含有 8~12 个人的亲密关系网络之中，这个网络中包括了你的朋友、家人和同事。而由于每个人所处的社会地位不同，部分宽阔的人际网络可能包含几百乃至数千人。现在互联网上的人们也同样在发展着网上关系网络，他们收集社交网络、微博、微信、即时通讯账号、电子邮件地址以及喜爱的论坛。通过这些网络，人们可以迅速地把各种信息扩散出去。

（六）利用别人的资源

最具创造性的病毒式营销战略是利用别人的资源来达到自己的目的。例如，百度的“唐伯虎”系列广告视频，最初只是通过百度员工的邮件进行小范围传播，当网络上兴起了视频共享平台以后，只是通过简单的上传，便有更多的人可以通过这个平台下载观看，在极短的时间内获得了比以往多许多倍的受众。而这正是利用公共资源完成病毒式营销目的的典型案例。

三、信息传播渠道的设计

虽然说病毒式营销信息是用户自行传播的，但是这些信息的传递渠道需要进行精心设计。例如，要发布一个节日祝福的 Flash，首先要对这个 Flash 进行精心策划和设计，使其看起来更加吸引人，并且人们更愿意自愿传播。仅仅做到这一步还是不够的，还需要考虑这种信息的传递渠道，是在网站下载、还是用户之间直接传递文件，或者是这两种形式的结合这就需要对信息源进行相应的配置。在这里就有 3 个技巧需要注意。

（1）找准“低免疫力易感”人群

如同现实中的感冒病毒一样，病毒营销想要传播得快，也要像感冒病毒一样找到那些低免疫力易感人群，通过他们才能更好地将病毒扩散出去。一般来说，低端用户、低年龄用户、老龄用户 、感性用户都是比较易感的人群。

（2）“病毒”传播力

免费和利诱，谁都无法抗拒 ；具备娱乐功能，使得用户更愿意主动传播；增加情感效果，是引导用户进行传播的良策。

（3）选好“病毒”发布渠道

在传播“病毒”时，应该选择免疫力低下易感人群用的互动性强、传播迅速的平台。通常微博、微信、IM、论坛、邮箱等都是常用的渠道。如果希望“病毒”可以很快传播，那么对于原始信息的发布也需要经过认真筹划，原始信息应该发布在用户容易发现，并且用户乐于传递这些信息的地方。必要的话，还可以在较大的范围内去主动传播这些信息，等到参与传播的用户数量比较大之后，才让其自然传播。

四、病毒性营销的特点

病毒性营销具备传递速度快、接受效率高等特点。通过 IM、论坛等途径使得信息便于传递和传播；从熟悉的人那里获得信息，接收过程就具有更加积极的心态，接收的渠道也较为私人化，往往获得几何倍数的传播倍数以及高效率的接收，克服了大众媒体广告造成的受众戒备抵触心理的产生以及接收环境复杂的缺点。但是病毒性营销传播力的衰减速度快，一般都是来得快去得也快，病毒式营销的传播过程通常是呈 S 形曲线的，即在开始时很慢，当其扩大至受众的一半时速度加快，而接近最大饱和点时又慢下来；同时这种不“设防”的接受也容易导致低质量甚至恶意信息的传播。

第七节 网络会员制营销

企业把传统渠道中的会员制营销理论移植到网络渠道，从而产生了网络会员制营销。

一、网络会员制营销的定义

网络会员制营销是通过利益关系和电脑程序将无数个网站连接起来，将商家的分销渠道扩展到地球的各个角落，同时为会员网站提供一个简易的赚钱途径。

一个网络会员制营销程序应该包含一个提供这种程序的商业网站和若干个会员网站，商业网站通过各种协议和电脑程序与各会员网站联系起来。一个网站注册为某个电子商务网站的会员（加入会员程序），然后在自己的网站放置各类产品或标志广告的链接，以及这个电子商务网站提供的商品搜索功能，当该网站的访问者点击这些链接进入这个电子商务网站，并购买某些商品之后，根据销售额的多少，这个电子商务网站付给这些会员网站一定比例的佣金。

最初的会员制营销是拓展网上销售渠道的一种方式，主要适用于有一定实力和品牌知名度的电子商务公司。会员制营销已经被证实为电子商务网站的有效营销手段，国外许多网上零售型网站都实施了会员制计划，几乎已经覆盖了所有行业。2000 年年底前后，会员制营销被国内大型网络公司广泛应用，不仅受到大型电子商务网站的重视，而且扩展到其他网络服务领域，如搜索引擎的竞价排名、竞价广告等。

二、网络会员制营销的特点

网络会员制营销增强了顾客参与度和体验，加盟的既可以是网站也可以是个人，个人既可以分享自己的购物经验，同时也可以加入企业的营销渠道；网络会员制营销传播效果好，通过大量的会员，有利于企业品牌推广和扩大销售；网络会员制营销减少了会员的投入风险，对于不具备直接开展电子商务条件的网站或个人，通过参与会员制计划，可以依附于一个或多个大型网站，方便地开展网上销售，虽然获得的不是全部销售利润，而只是一定比例的佣金，但相对于自行建设一个电子商务网站的巨大投入和复杂的管理而言，减少了风险，这样的收入也是客观合理的。

潮流女装电商 Sheinside 的网络营销方法组合

Sheinside 是一家定位于街拍潮流服饰、快时尚的女装以及配件跨境电商网站，在短短两年时间内迅速成长，并且赶超行业的现行者。该企业网络营销采用了多种方法，主要以赞助式营销和 SNS 推广为核心进行品牌的扩散。

在其营销推广中，Sheinside 采用多种方式组合进行引流。

①利用时尚博主进行病毒营销。引荐流量占比达到 30%以上的比例，这是 Sheinside 营销层面非常有特色的一个点。这部分流量占比排名前 10 位的网站，比如 Tumblr，Rstyle，Lookbook，这些网站都属于时

尚博客主的聚集地，在时尚博客主营销层面做得很成功。

②多种社交营销互动。这种时尚博客主通过每月收取一定费用或者接受免费的产品，来为产品做 Review，撰写搭配心得，并挂上链接。除了发布博客帖子，有的还会将搭配发布到 Lookbook、Instagram、Facebook 或其他社交平台上。

③搜索引擎自然排名同步得到优化。博客主创作内容，这些内容都是专业的、优质的内容，而且这些内容里面都会嵌入产品链接；博客主会将他们自己创作的内容发布到自己的整个社交网络，这些社交网站本身都是一系列高质量内容站，都是被 Google 所认可的优质站点，这样的内容和外链接自然能给 Sheinside 网站提升很多权重。

④少量的搜索引擎付费广告。从它的付费广告带来流量的前 10 个关键词来看，它主要投放的还是自己的品牌词、域名和竞争对手的品牌词，而这些关键词的点击成本是最低的。

⑤许可 E-mail 营销带来 3. 17%的流量；网站联盟也是一个重要的流量来源。

知识考查与技能训练

本章习题请扫码获得。

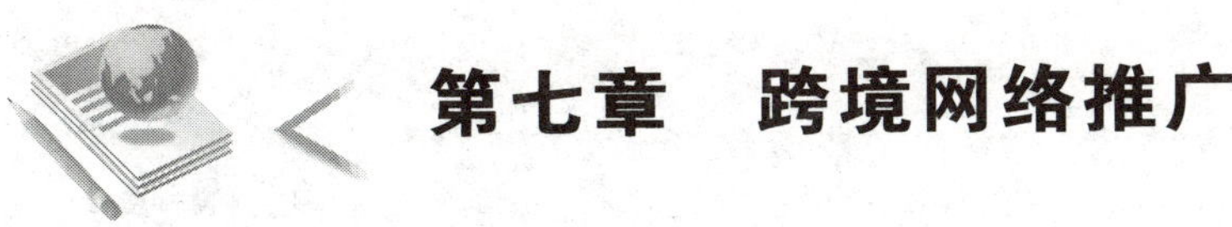

第七章　跨境网络推广

【学习目标】

本章旨在让学习者理解跨境网络推广的概念；了解跨境网络推广的目标及作用；掌握跨境网络推广的常见工具；掌握跨境市场搜索引擎推广及优化策略；掌握跨境市场社交媒体推广策略。

通过本章的学习，应掌握以下知识（技能）。

1. 能够熟练使用跨境网络推广工具。

2. 能够根据跨境目标市场特点，以及产品、企业情况选择合适的跨境网络推广方案。

【基本概念】

站内推广、搜索引擎优化、搜索引擎竞价排名

第一节 站内推广

一、速卖通平台

速卖通平台页面如图 7-1 所示。

图 7-1 速卖通页面

（一）速卖通搜索排序规则

速卖通的搜索排序以帮助买家找到最符合需求的产品为目标。排序是对产品相关性、信息质量等因素的综合分析。如有违规行为，卖家将受到违规商品排名靠后甚至关闭账户的处罚，如表 7-1 所示。

表 7-1　速卖通违规类型及处罚措施

<table>
<tr><th>违规类型</th><th>处罚措施</th><th>违规类型</th><th>违规节点</th><th>处罚</th></tr>
<tr><td>类目错放</td><td rowspan="14">1. 违规商品搜索排名靠后；
2. 根据卖家违规次数，对店铺给予搜索排名靠后或屏蔽；
3. 情节严重的，冻结或关闭账户</td><td rowspan="3">知识产权严重违规</td><td>第一次违规</td><td>冻结</td></tr>
<tr><td>属性错选</td><td>第二次违规</td><td>冻结</td></tr>
<tr><td>标题堆砌</td><td>第三次违规</td><td>关闭</td></tr>
<tr><td>标题类目不符</td><td rowspan="6">知识产权禁限售违规</td><td>2 分</td><td>警告</td></tr>
<tr><td>商品错放</td><td>6 分</td><td>限制商品操作 3 天</td></tr>
<tr><td>重复铺货</td><td>12 分</td><td>冻结账号 7 天</td></tr>
<tr><td>广告商品</td><td>24 分</td><td>冻结账号 14 天</td></tr>
<tr><td>描述不符</td><td>36 分</td><td>冻结账号 30 天</td></tr>
<tr><td>计量单位作弊</td><td>48 分</td><td>关闭</td></tr>
<tr><td>商品超低价</td><td rowspan="4">交易违规及其他</td><td>12 分</td><td>冻结账号 7 天</td></tr>
<tr><td>商品超高价</td><td>24 分</td><td>冻结账号 14 天</td></tr>
<tr><td>运费不符</td><td>36 分</td><td>冻结账号 30 天</td></tr>
<tr><td>SKU 作弊</td><td>48 分</td><td>关闭</td></tr>
<tr><td>更换商品</td><td>商品信息质量违规</td><td>12 分及 12 分倍数</td><td>冻结账号 7 天</td></tr>
</table>

（二）站内优化

（1）产品标题优化

①产品标题设置

标题的词语分为：顶级热搜词、属性词、修饰词、品名、店铺名等类别，如表 7-2 所示。

表 7-2　标题制作的“三段法”——核心词+属性词+流量词

核心词	顶级热搜词（影响排行，影响点击率）。可以是产品名称、所属类目，甚至知名品牌。买家在平台主动搜索时，往往会输入的词语
属性词	产品特定的属性。表示属性的词，如长度、风格、包装、品牌、销售属性，用以区分该产品与其他产品的不同之处
流量词	能带来流量的词。流量词也称长尾词或促销词，如特殊尺码；为节日或特别的群体而制。特色服务：如定制。产品来源如工厂店、全网最低价等

通过数据纵横—搜索词分析版块，可以查到目标类目下曝光基数高的词汇，从而更好地进行标题制作。如图 7-2 所示，dress 类目热搜排名靠前的有 summer dress 、dress women、women dress。

搜索词	是否品牌原词	搜索人气	搜索指数	点击率	浏览-支付转化率	竞争指数	TOP3热搜国家
dress		277,912	3,958,543	36.55%	0.13%	47	US,PL,LT
summer dress		103,462	1,030,067	40.79%	0.21%	53	US,NL,CZ
dress women		74,825	1,037,276	39.10%	0.10%	68	US,PH,RO
women dress		58,788	695,665	34.48%	0.13%	72	US,HU,IL

图 7-2　热搜词排名

②产品标题优化的时机

产品标题需要优化的情形：档期内滞销、同款竞争居于弱势、曝光量低、跳失率高。如新品上架时，在对新品不熟悉的情况下，采用店铺免费的推广手段，如限时限量折扣、全店铺打折、满立减、发放优惠券等方式进行推广。一段时间后，查看数据纵横中相关产品的数据，对数据较差的产品进行关键词优化。

【例】小张发布一款男士手表，原标题如下。但发布一周后，发现流量不佳，就可以通过平台内数据纵横版块提供的关键词分析工具，优化标题。

Baogela New Fashion Men Mechanical Watch Gold Top Brand Luxury Automatic Classic Skeleton Wristwatch Gift Relogio Masculino。

③产品标题优化方法

产品标题优化方法如表 7-3 所示。

表 7-3 产品标题优化

关键词筛选	产品关键词库、产品类目、竞品关键词、搜索栏自动推荐关键词、站内工具提供的关键词。站外工具：Google 的 AdWords、KeywordSpy 、eBay 的 Watch-Count. com
关键词展示	把产品的材质、特定、销售方式、产品名称等关键词靠前展现，物流、运费、服务等放在后面
促销词	如 factory shop、custom、best selling 等

（2）产品详情优化

①属性优化

在产品页面的左侧是属性选择栏，买家可以根据属性精准定位到唯一的产品。在产品发布页面有多个属性需要填写，要注意的是不论做什么产品，产品属性填写率必须高于 78%。属性填写错误会使产品的搜索排名靠后，无法提升。

通过速卖通后台的数据纵横可以对产品的热销属性进行分析，dress 的热销属性如图 7-3 所示。

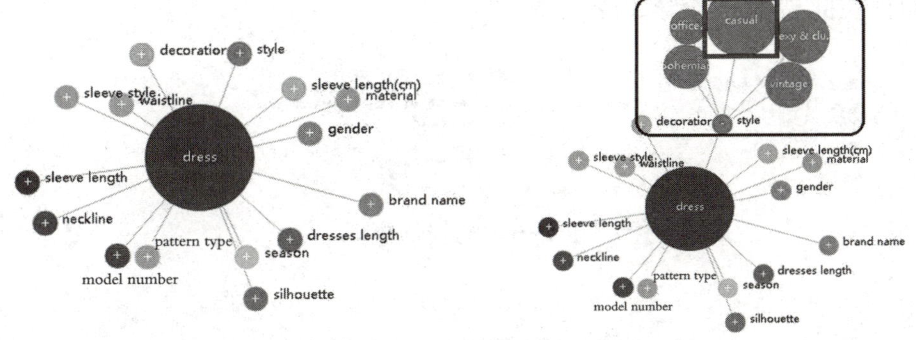

图 7-3 热销属性分析

②图片优化

A. 优化动态图。动态图可放 6 张图片，可以从大小、款式细节、包装等方面呈现产品，如图 7-4 所示。

图 7-4　产品图片展示效果

为更好呈现图片的展示效果，不建议主图加水印这种方式。主图大小为350px×350px就可以，属性为 JPEG 格式。图片背景简明清晰，色彩对比鲜明，可适当添加模特效果图或小视频，从而比静态平铺图更吸引买家。

B. 优化详情图。详情图一般在 15 张以内，主要从购物须知、产品描述等方面优化，如图 7-5、图 7-6 所示。

a. 购物优惠须知优化。卖家根据前期销售反馈将买家常遇到的问题放入购物须知，可以提升买家满意度，此外可以不定期将店铺优惠活动也在此展示，指导买家消费。

- Get US $5.00 off on orders over US $100.00
- Get US $11.00 off on orders over US $200.00
- Get US $17.00 off on orders over US $300.00

(Incl. shipping costs)

If you want to purchase more than one product, please add everything to your Cart first. When you proceed to the checkout page, the Seller Discount will be automatically calculated.

图 7-5　购物优惠

- Ship by EMS if your order more than $200
- Below $200 if u want EMS, Extra $25
- Promised all parcels attached tracking number after shipped

图 7-6　运费须知详述

b. 产品描述优化。不同的产品有不同的描述角度，一般可以通过产品图文细节、品牌、热销搭配、交易说明、促销优惠等方式展示，如图 7-7～图 7-9 所示。

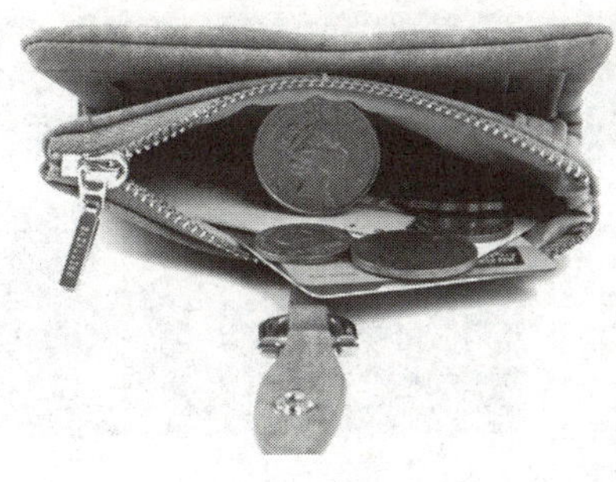
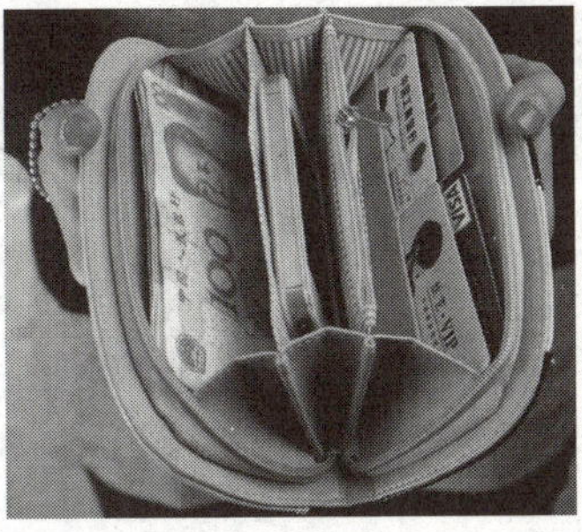

图 7-7　产品细节展示

Product Description

Only 100% Sterling S925 Silver used for our Jewelry
We do not produce or sell cheap metal plated products
We are Original manufacturer of Silver Jewelry,
Exquisit design, high quality & low price ensured from us.

Welcome Whole Seller's Bulk Orders

OTHER BEAUTY JEWELRY

图 7-8　产品描述

Buyer Protection
Protecting Your Purchase from Click to Delivery

Full Refund
if you don't receive your order
You will get a full refund if your order does not arrive within the delivery time promised by the seller.

Full or Partial Refund
, if the item is not as described
If your item is significantly different from the seller's product description, you can A: Return it and get a full refund, or B: Get a partial refund and keep the item.

图 7-9　退款细节描述

c. 买家评价优化。良好的买家评价能够吸引其他买家进入购买页面，并且提高产品的回购率，如图 7-10 所示。

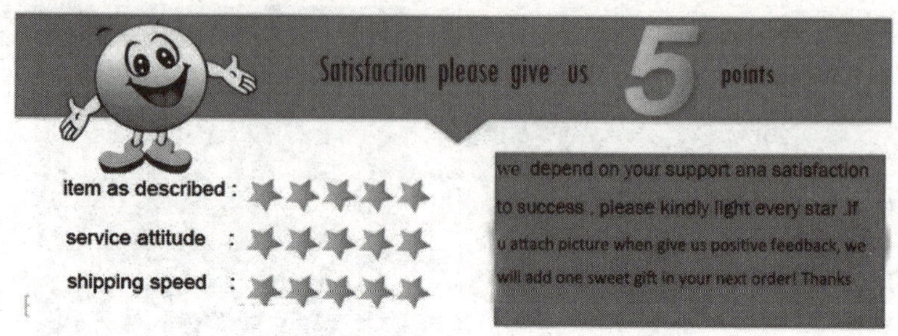

图 7-10　买家评价优化

(3) 价格优化

销售价格=上架价格×折扣

成交价格=销售价格-营销优惠

①对于多个 SKU 的产品，可以将出单数最少的产品价格设低一些，刺激买家浏览购买。

【例】小吴发布一款 T 恤，黑色比白色好卖，大码比小码好卖，那么可以将白色 S 码价格设为最低，从而买家按价格由低到高搜索，较容易看到该产品，增加产品曝光率，如图 7-11 所示。

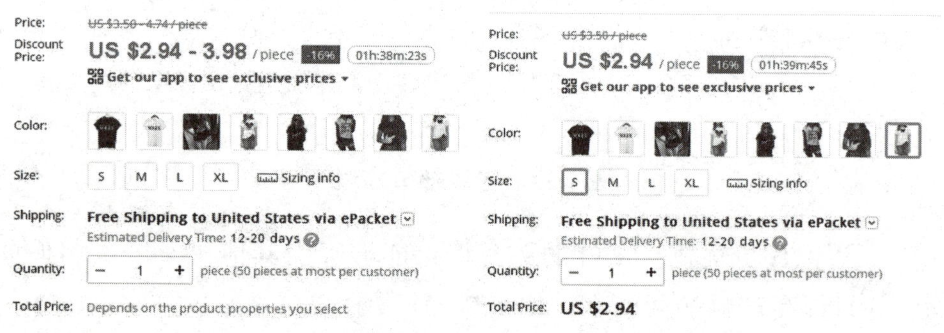

图 7-11　产品价格优化，增加曝光率

②参考竞品价格

【例】小吴在平台发布一款拎包，原先售价为 22.99 美元，上架一个月，无人问津。在平台上搜索发现竞品价格如图 7-12 所示。

图 7-12　平台搜索竞品价格

③价格临界点

买家在购物时，心里会有预算，会以数字 0 或 5 作为价格的临界点，如果产品价格设为 10 美元，不如设为 9. 99 美元，会让买家觉得没有超过预算，下单会更加干脆。

（三）产品推广方案

（1）推广方案搭建

①确定规则

推广产品一般采用 2：7：1 的选择法则。2 表示市场上热销的产品，目的是低价引流；7 表示热销产品，可以进行打折促销提升转化；1 表示品牌款。

②选词

热门关键词：只适合短期投放，不建议刚开的店就长期大量添加热门关键词进行推广，也不一定要排到第一页。

长尾关键词：该类词是店铺主要流量的来源，适合长期进行下去，对于主打商品，使用较高流量的长尾词，及时调整保证排名；其余的长尾词，放入其他的商品，观察销量情况。

③优化商品描述

产品推广优化方案如表 7-4 所示。

表 7-4　产品推广优化方案

标题	突出产品热点
	High Quality Backpack Women 2018 NEW Oxford Embossed Fashion Black Brand Back Pack School Bag For Teenagers Girls Bagpack yellow 5.0 (1 votes) | 4 orders Price: US $49.66 / piece Discount Price: US $24.83 / piece -50% 06h:22m:38s Get our app to see exclusive prices
图片	从款式、大小、包装等方面，让产品全方位进行展示
产品详情	突出卖家实力，客户好评截图等

（2）调整推广方案

在产品发布时需关注已有关键词的排名情况，保证流量，及时调整，保证足够的推广时长。根据数据纵横等渠道获得搜索词表，添加市场上最新的热词。对于曝光比较高、点击比较少的产品可以优化标题图片排位等，或者用替代品，对于点击量较大，但没成单的商品可以从详细描述方面进行提升。

（3）完善推广方案

①速卖通平台活动

常规活动	俄罗斯团购、巴西团购
行业主题活动	女装、母婴产品的活动等
平台大促销	每年 3 月、8 月、12 月的平台大促销（见图 7-13）
品牌馆	精品馆活动

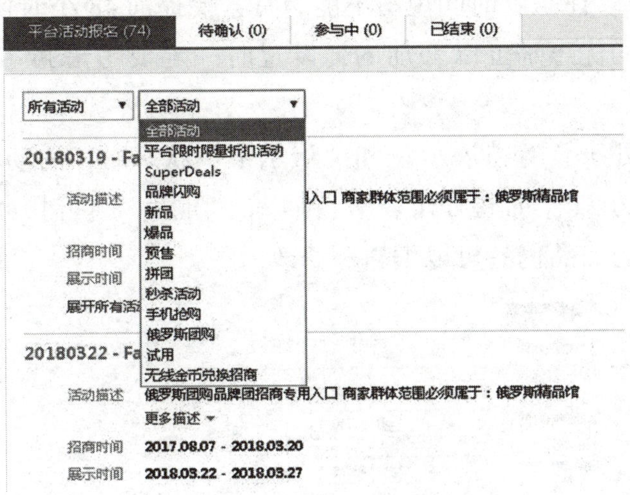

图 7-13　平台产品促销活动

②限时折扣

利用限时限量折扣工具，可以使商品获得额外曝光，有利于推新品、造爆款、清库存。活动开始时间为美国太平洋时间。打折商品 12 小时后展示给买家，每个活动最多只能选择 40 个参与活动的商品，设置商品折扣率和促销数量（见图 7-14）。

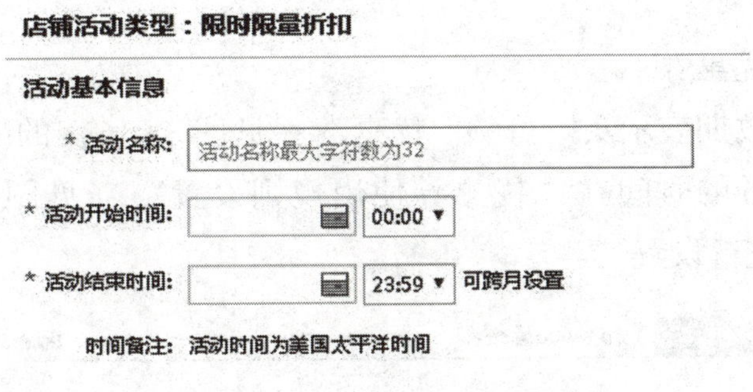

图 7-14　店铺促销活动

③满立减

满立减活动针对全店铺的商品。在买家的一个订单中，若订单金额超过了您设置的优惠条件，在其支付时系统会自动减去优惠金额

(见图 7-15)。注意：时间填写不能跨月，要提前 48 小时创建活动。折扣和满立减的优惠是可以叠加的，设置时一定要考虑折上折时的利润问题。

当活动处于“等待展示”和“展示中”状态时，活动不能被修改。活动开始前的 24 小时将处于“等待展示”阶段。与折扣商品不同，满立减活动中的商品仍然可以编辑和修改。

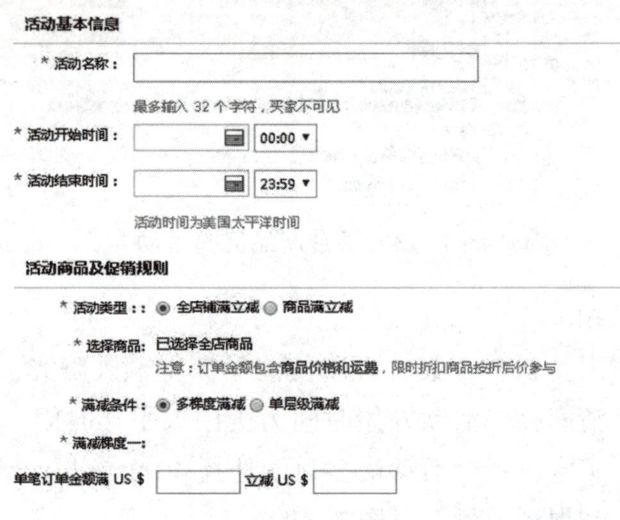

图 7-15　店家促销活动展示页面

④店铺优惠券

活动有效期表示买家可领取优惠券（见图 7-16）的时间，买家可使用该优惠券的时间在“优惠券使用规则设置”（见图 7-17）中的“有效期”进行设置。

领取型优惠券活动 | 定向发放型优惠券活动 | 金币兑换优惠券活动 | 秒抢优惠券活动 | 聚人气优惠券活动

图 7-16　店铺优惠券页面展示

优惠券领取规则设置

领取条件：◉ 买家可通过领取按钮领取Coupon

* 面额：US$

每人限领：1

* 发放总数量：

优惠券使用规则设置

* 使用条件：◎ 不限

◉ 订单金额满 US $

* 有效期：◉ 有效天数 买家领取成功时开始的　天内

◎ 指定有效期　00:00　到　23:59

使用开始时间需要距今90天内，使用有效期最长为180天.

优惠券买家可见位置提示

创建成功并晨约在活动开始后，您设置的优惠券信息将在以下两个位置向买家展示，买家可通过“领取按钮”领取优惠券

店铺内：//www.aliexpress.com/store/sale-items/.html

图 7-17　优惠券使用规则

⑤全店铺折扣

需提前 48 小时创建活动，活动开始和结束时间必须在同一个月内，但是可以提前创建下一个月的活动，如图 7-18 所示。

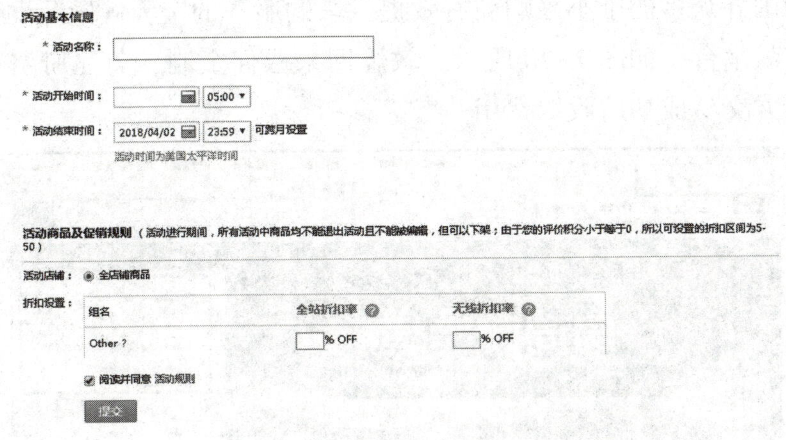

图 7-18　店家创建全店铺折扣活动的页面

⑥购物券

购物券活动是平台发起的、卖家参与的活动。可选择支持的门槛

及支持的购物券张数，买家下单时满足单店门槛且仍然有张数时可下单使用。抵扣的购物券金额从支付金额中扣除，且不放款给卖家。购物券活动一旦报名就不能退出。如果参与平台活动，需要设置的购物券张数要求可具体参看平台活动要求（见图 7-19）。

活动名称	招商时间	使用时间	剩余张数/张数总量	活动状态
328周年庆购物券活动	2018/02/06 00:00 - 2018/03/11 23:59	2018/03/28 00:00 - 2018/03/30 23:59		等待展示（未报名）
双11大促购物券活动	2017/09/15 00:00 - 2017/10/19 23:59	2017/11/11 00:00 - 2017/11/11 23:59	-	活动结束（未报名）
8月大促购物券活动	2017/07/06 00:00 - 2017/08/09 23:59	2017/08/28 00:00 - 2017/09/01 23:59	-	活动结束（未报名）
3.28周年庆购物券活动	2017/02/13 00:00 - 2017/03/14 00:00	2017/03/28 00:00 - 2017/03/31 00:00	-	活动结束（未报名）
黑色星期五招商	2016/11/03 00:00 - 2016/11/15 00:00	2016/11/22 00:00 - 2016/12/01 00:00	-	活动结束（未报名）
双11购物券活动	2016/09/19 22:30 - 2016/10/21 00:00	2016/11/11 00:00 - 2016/11/12 00:00	-	活动结束（未报名）

图 7-19　购物券活动页面

二、敦煌平台

敦煌网（www. dhgate. com）是一个聚集中国众多中小供应商的产品，为国外众多的中小采购商有效提供采购服务的全天候国际网上 B2B 批发交易平台，如图 7-20 所示。敦煌网采取佣金制，免注册费，只在买卖双方交易成功后收取费用。

图 7-20　敦煌网平台

（一）产品标题优化

敦煌网主营产品有：Loose Beads（散珠）、LED Lights（LED 灯）、R/C Toys（遥控玩具）、Baby Clothes（婴儿服饰）、Home Decor（家居饰品）、Kitchen，Dining & Bar（厨房、餐厅、酒吧用品）、Electronics（消费电子）、Car Accessories（汽车配件）、Security & Surveillance（安全消防用品）、Foot Care（足部护理）、Apparel（服装）。热销产品：消费电子类、母婴玩具类、婚纱礼服类、家具类、美容假发类、汽车配件类。

标题应包含产品的关键信息及销售亮点，如长度、颜色、产品名称、材质、风格等；注明可以提供的特色服务，如可定制 Logo、退换货、快速发货；单词首字母大写；重要的关键词要放在前面；结尾关键词非常重要，要尽量添加关联关键词。Free Shipping 和 Wholesale 由平台统一添加，无须填写；产品信息必须使用空格间隔，使用其他符号间隔会影响系统识别；必须使用英文填写，如图 7-21 所示。

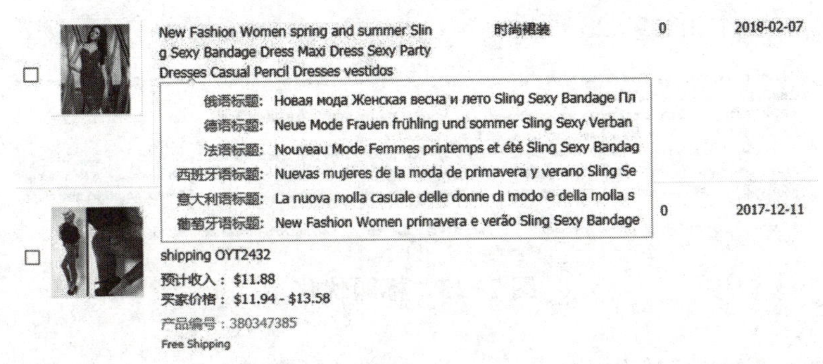

图 7-21　标题包含的关键词

店铺关键词重置，利用辅助工具寻找最优的产品关键词（热词），提高店铺产品点击率及店铺产品的曝光度。

【例】小吴在敦煌平台的店铺发布了一款黑色裙装，如图 7-22 所示。

产品信息	曝光量	浏览量	加入购物车次数	成交产品件数	操作
Black and pink when printing polyester and silk dress ankle feel comfortable in spring and summer are a necessity for women 产品编号：381267364 $66.94~$76.12 $66.6	689	5	2	0	详细效果 产品管理

图 7-22　发布的一款黑色裙装

这款产品曝光量和浏览量总体占店铺里的比重是偏高的，但是产品的标题设置还是存在问题。

更改前：

Black and pink when printing polyester and silk dress ankle feel comfortable in spring and summer are a necessity for women

更改后：

Hot Sales Lady's Black Pink Printing Polyester Fine Silk Dress Ankle Length Lace Comfortable Soft Spring Summer Necessity for Women Sexy Side Fork

标题从原先的句子改成了短语，增大了产品的曝光量以及访客量。产品标题优化如图 7-23 所示。

Welcome to order our products ,our product have high quality and suitable price,You are worth to own,The following is the detailed information of the product.
1.TOP BODY:have polyester bind for seam allowance for NECK/ARMHOLE/CENTRE BACK AND FRONT 2.Top body all in lace and lining body have only cover 2/3 Bra get sexy fashion
3.Skirt fabric by hand feel is as "SILK" ,content is 82% polyester 18%silk new fabric,soft and strong. 4.Skirt have cover eage like wrap approx 10cm wide on right side panel,all around eage have 0.3cm return and topstitch 5.Hem:around hem total have 186 cm and right side panel have a slit from waist to hem 6.Skirt lining:GGT and 50cm length
7.Fabric: Skirt: 82% polyester 18%silk Lace:100% polyester Lining:70% polyester 30%silk

图 7-23　标题优化

（二）详情页优化

产品图片大小全部调整为 800px×800px，以免由于网速问题，顾客打开页面不顺利，影响顾客的购买心情，如图 7-24 所示，是店铺更新过后的一款时尚裙装的详情页。

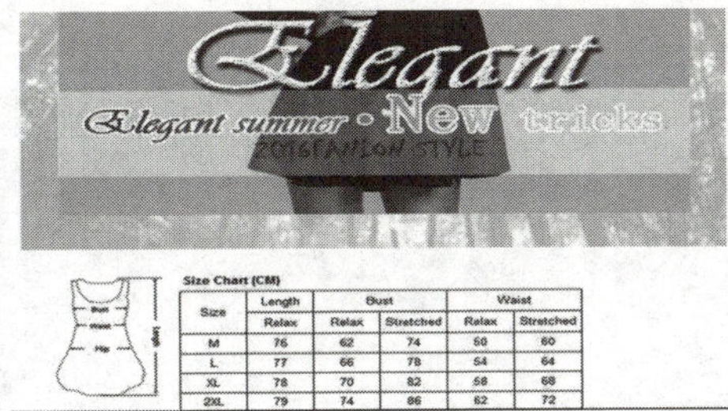

Size Chart (CM)

Size	Length	Bust		Waist	
	Relax	Relax	Stretched	Relax	Stretched
M	76	62	74	50	60
L	77	66	78	54	64
XL	78	70	82	58	68
2XL	79	74	86	62	72

图 7-24　产品图片大小优化

(三) 关联产品优化

在编辑产品的详情页时，添加关联产品，如图 7-25 所示，这个关联产品主要是店铺内的热销产品及参加活动的产品，从而提升产品的曝光率。

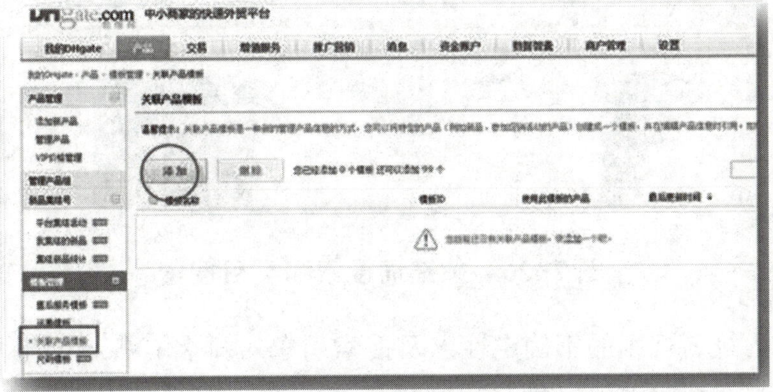

图 7-25　关联产品添加页面

第二节 站外推广

一、搜索引擎优化

搜索引擎优化（SEO）是指通过采用易于搜索引擎索引的合理手段，使网站各项基本要素适合搜索引擎检索原则并且对用户更友好（Search Engine Friendly），从而更容易被搜索引擎收录及优先排序，从属于 SEM（搜索引擎营销）。SEO 的中文意思是搜索引擎优化。

通过速卖通搜索栏搜索 dress 时，搜索结果有 1293467 个，而通过类目 dress 进入时，搜索结果是 1063616，由此可见，类目搜索时有 229851 件产品无法展示，其原因在于关键词搜索和类目搜索是两个独立的搜索引擎，是分开抓取信息的，如图 7-26 所示。

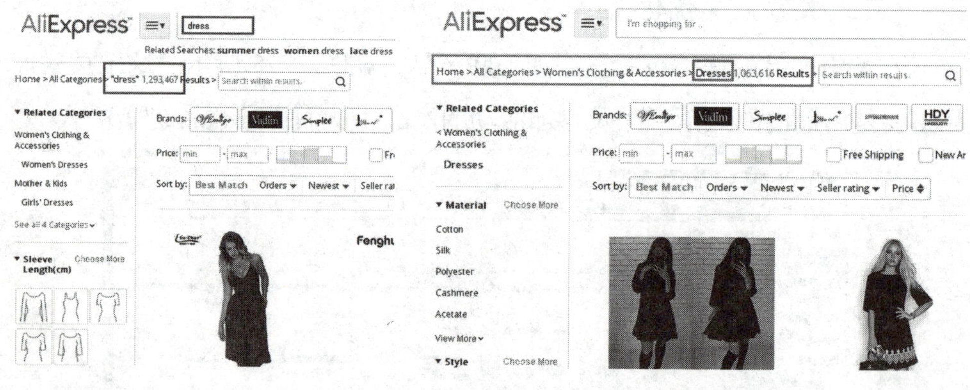

图 7-26 关键词搜索和类目搜索

因为排名规则的不确定性以及搜索引擎对排名有各自的不同规则，如某天某个搜索引擎对排名规则进行了改变，那时也许会出现原有的排名位置发生变动，需要及时做出调整。

（一）竞价排名

产品竞价排名是指根据用户购买的关键字竞价，付费越高排名越前，按照点击次数付费。

优势：费用低、效果精准、对用户进行把控。设置关键词价格后即刻就可以进入百度排名前十名，位置可以自己控制。卖家可以在后台设置无数的关键词进行推广，数量自己控制，没有任何限制。

劣势：价格高昂，尤其是竞争激烈的词，点击一次的单价可以达到几元甚至几十元人民币，一个月就要消费数万元，如果是长期做产品竞价排名，花费非常高。每个搜索引擎都是各自独立的，如在百度做了竞价后，谷歌、360、搜狗等各大搜索引擎都不会出现排名有所提高的情况，如果你想要所有的搜索引擎都提升排名效果，那就要在各个搜索引擎平台重复花费数倍的推广费用。稳定性差，一旦你的账户中每天的预算消费完了，那排名立刻就会变差。

（二）购买关键词广告

关键词广告（Adwords）也称为“关键词检索”，简单来说就是当用户利用某一关键词进行检索时，在检索结果页面会出现与该关键词相关的广告内容。由于关键词广告是在特定关键词被检索时才出现在搜索结果页面的显著位置，所以其针对性非常高，被称为性价比较高的网络推广方式。通过购买关键词广告，可以提高产品曝光率。

（1）常见的关键词广告类型

①关键词图片广告

输入关键词，在搜索结果页面中间出现图片形式的广告，此广告具有唯一性特点。如在百度搜索“女裙”，出现图 7-27 所示的广告。

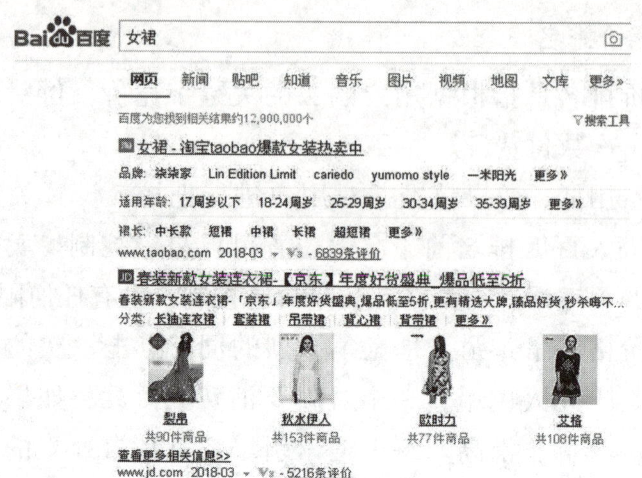

图 7-27　关键词图片广告

②关键词右侧赞助商广告

在搜索结果页面右侧出现赞助商的图片及文字形式的广告，一个关键词对应最多 8 个广告位，先到先得。如搜索“女裙”时，搜索页面右侧出现图 7-28 所示的广告。

图 7-28　赞助商文字广告

③关键词广告营销

关键词营销要点如图 7-29 所示。

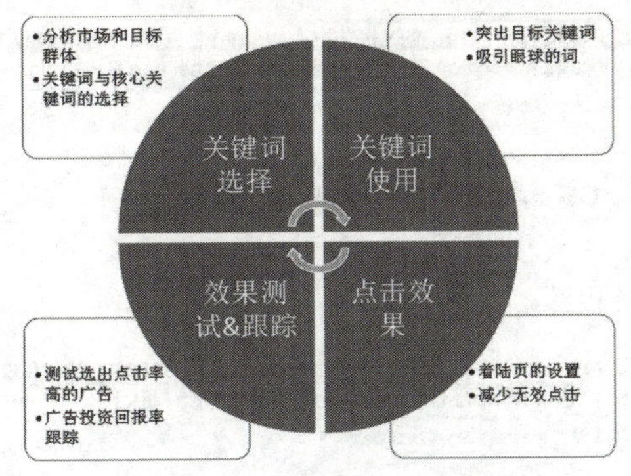

图 7-29　关键词营销要点

（三）搜索引擎优化途径

（1）网站内容优化

原创的内容最易被网络爬虫[①]爬取收录；有规律的内容更新；添加的内容要与网站相关，围绕关键词来展开。

（2）关键词优化

按照业务范围提供数个核心关键词，然后通过核心关键词，对所有用户检索到的相关关键词进行组合，进行拓展（包括错误关键词输入），得到一个几何倍数的关键词库。在网页标题标签、Meta Description 中添加关键词；内容中要自然出现关键词（第一段和最后一段最好要出现）；对关键词加粗或者斜体；图片关键词的优化，Alt 标签（替换文字）中加入关键字；关键词的密度要适中，最好保持在 3%~8%的密度。

如“Bag”和“Luggage & Bags”两个关键词下，两款包的标题对比，如图 7-30、图 7-31 所示。

① 网络爬虫是一种按照一定的规则，自动地抓取万维网信息的程序或脚本。

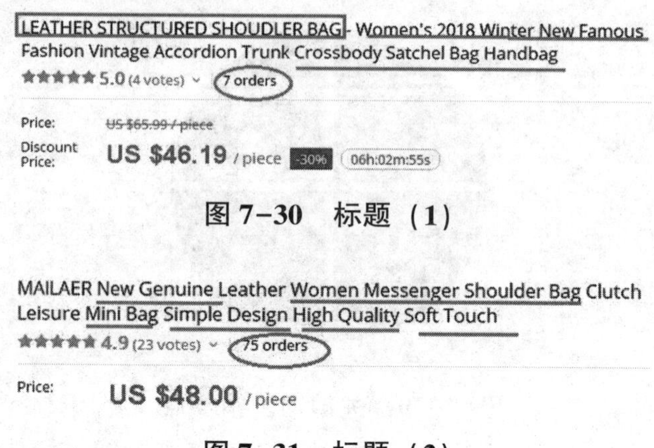

图 7-30　标题（1）

图 7-31　标题（2）

（3）内部链接优化

内部链接是指同一网站域名下的内容页面互相链接。如频道、栏目、终极内容页之间的链接，乃至站内关键词之间的 Tag 链接都可以归类为内部链接，因此内部链接也称之为站内链接，对内部链接的优化其实就是对网站的站内链接的优化。

（4）代码优化

在不影响业务和页面展开效果的情况下，尽量将 JS 文件放在页尾进行加载，既保证关键词第一时间展现给搜索引擎，也保证了页面的加载速度。

（5）图片优化

随着“人像搜索”的正式启用，对网站中的照片（尤其是知名人士）的合理使用尤为重要（见图 7-32）。另外，员工的照片也可以给客户以亲和力，提高诚信度。

图 7-32　网站中“人像搜索”的页面

二、SNS 营销

SNS 全称为 Social Networking Services，即社会性网络服务，专指旨在帮助人们建立社会性网络的互联网应用服务。SNS 的另一种常用解释的全称为 Social Network Site，即“社交网站”或“社交网”。SNS 营销指的是利用这些社交网络建立产品和品牌的群组、举行活动，利用 SNS 分享的特点进行病毒营销之类的营销活动。

（一）SNS 营销特点

（1）目标用户精准

SNS 用户基于真实的社交圈，有着高度的聚类性，他们分别在年龄、喜好、地域、性别、经济水平等各方面呈现较为明显的自然划分，便于企业找准用户群，开展营销推广。

（2）营销成本低

SNS 营销基本上是依靠软性地推广，成本远远低于广告投放。同时，由于是基于社交关系的传播，SNS 社交网络营销传播的主要媒介是用户，主要方式是“口口相传”，所以，可以获得自然的二次和多级扩大传播，而并不依赖于广覆盖。

（二）SNS 营销方式

（1）为目标受众群体定制的显示广告

由于社交网站掌握用户的年龄、性别、地区、受教育程度、兴趣爱好等个人信息，使广告主有可能更加精确地定位自己的目标受众群体。比如 Facebook 和 MySpace 都拥有让广告主进行自助投放的广告平台。

（2）与社交游戏场景融合的植入广告

类似电影中的植入式广告，将广告主的品牌和产品信息融入到社交网站的情景和道具中，被植入的产品或品牌会得到一定程度的突出展示，且用户一般不会对其抱有抗拒心理，往往能够在无形中拉近广告主和用户之间的距离。

（3）利用口碑传播的体验型广告

这种病毒营销形式充分利用社交网络用户间的信息流，将电子商务行为与口碑营销整合起来。与推销型的电视广告相比，消费者可能更相信出自朋友之口的只言片语，这种方式可以促使商家更加注重产品的内在品质，优秀的产品将有可能在人际网络中得到更多好评和更广泛的传播。

（4）以应用的形式进行发布的活动营销

将广告主的促销活动包装成应用的形式进行发布，让用户自由添加使用，并通过人际互动进行传播。可口可乐是最早试水社交网络营销的广告主，曾分别在 51. com 和校内网平台上以有奖活动的形式进行推广，鼓励用户向朋友发送新年祝福并邀请朋友参与，较好地利用社交网站口碑传播的特点。

（三）SNS 平台

（1）Facebook

Facebook 是目前全球最大的实名制社交网站，中文名译为“脸书”网。它创建于 2004 年 2 月，用户遍布全球，为了吸引更多的用户，Facebook 现已支持全球 70 多种语言。Facebook 社交平台的每月活跃用户总数其实已经超过了 22 亿人。其中，Facebook 的每月活跃用户数为 13 亿人。大约有 10 亿人在手机上使用 Facebook。大约 8. 29 亿人每天都要使用 Facebook。在 Facebook 社交平台上，公众人物的关注人数大约为 8 亿人。

当前，90%以上的知名品牌在 Facebook 上有自己的专页，已经在 Facebook 上建立专页的 B2C 跨境电商企业有速卖通、兰亭集势、DX 等，不仅如此，利用 Facebook 对海外市场进行商品推广的方式开始被许多电商经营者进行应用。

跨境电商企业利用 Facebook 进行营销主要有两个目的：一个是塑造企业和产品品牌形象，吸引更多粉丝，从而将粉丝的关注度转化为企业的销售量；另一个是将 Facebook 作为企业的广告平台之一，合理利用 Facebook 的广告功能，吸引更多用户，提升企业的投资回报率。

①吸引用户

利用 Facebook 搜索功能搜索用户 “AliExpress”，如图 7-33 所示，在所显示的用户中选择与自己目标接近的查看其具体信息，直到找到目标客户可以给其发消息或加为好友，甚至可以进一步挖掘该用户的其他好友，不断拓展自己的商业圈。

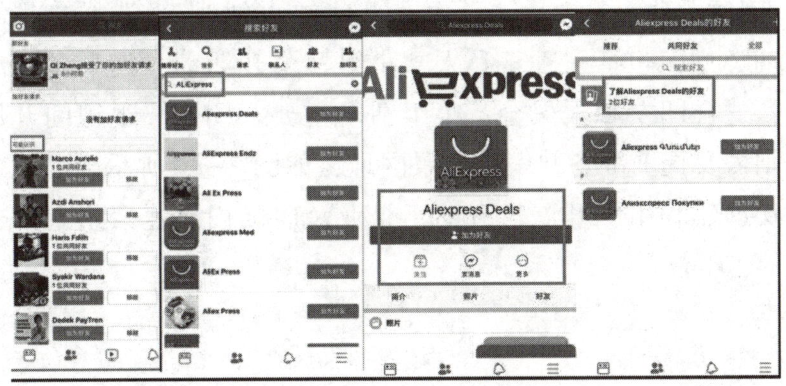

图 7-33　Facebook 搜索功能

②提升企业形象

企业在进行推广时可以通过 Facebook 中的“活动”功能创建或参与活动，从而拓展企业人脉和产品渠道。

A. 参与活动。在活动中可以查看到近期周边活动，企业可以在此选择相关公益类活动或主题活动现场参与并直播，从而提升企业形象，如图 7-34 所示。

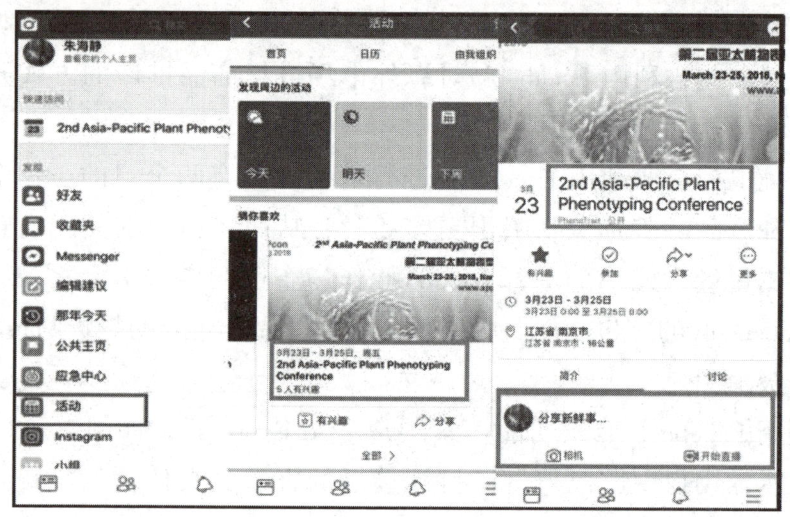

图 7-34　活动页面

B. 创建活动。单击活动页面右上角的“创建”，选择自身需要创建的活动类型，包括三种：私人、小组及公开活动，其中私人活动是邀请制，适合朋友私人聚会；小组活动主要在团队、组织间开展；公开活动则需要提前准备并发布购票网址，如图 7-35 所示。通过一项活动的成功创建和组织开展，有助于企业短时间内迅速聚集人群，获得人脉。

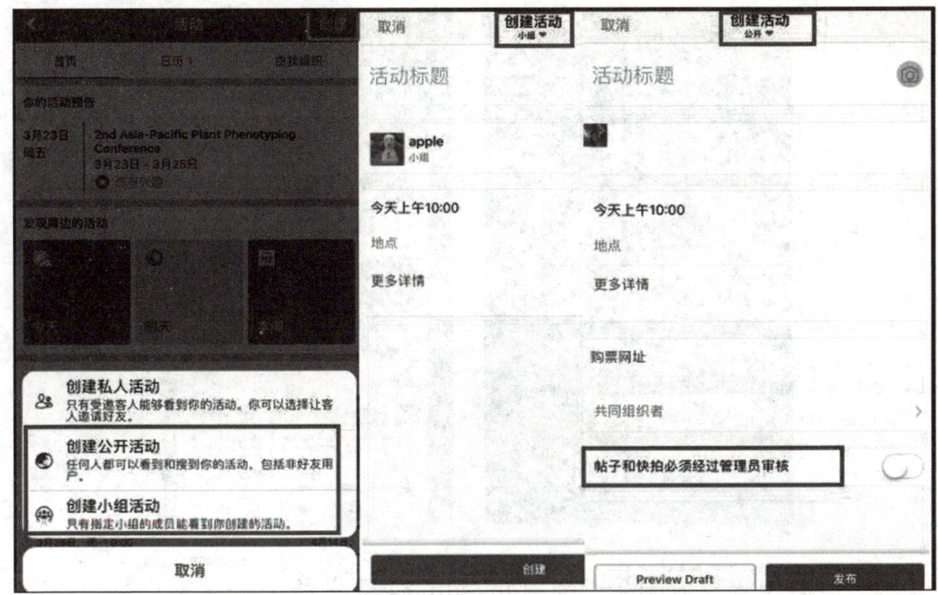

图 7-35　创建活动页面

（2）LinkedIn

LinkedIn（领英）创建于 2002 年，于 2011 年 5 月 20 日在美国上市，致力于向全球职场人士提供沟通的社交平台，并协助他们将社交活动事半功倍，发挥所长，如图 7-36 所示。作为全球最大的职业社交网站，LinkedIn 作为全球职业社交网站，其全球会员人数已突破 5 亿，美国《财富》排行榜上的世界 500 强公司均有高管加入。2017 年 BrandZ 全球最具价值品牌 100 强，领英（LinkedIn）科技以 135.94 亿美元排第 79 名。

图 7-36　LinkedIn 社交平台

LinkedIn 有三大不同的用户产品。

①职业身份

职业身份呈现为个人档案。LinkedIn 平台可以便捷地制作、管理、分享在线职业档案，全面展现职场中的自己。完善的个人档案是成功求职、开展职业社交的敲门砖。在领英，个人档案包含六大重要部分：头像展示、职业概述、工作经历、教育背景、技能认可及推荐信。

②知识洞察

关注行业信息、汲取人物观点、学习专业知识、提升职业技能、分享商业洞察。在飞速变化的互联网时代，把握市场脉动，获取知识见解，是保持职业竞争力的基础。

③商业机会

在领英寻找同学、同事、合作伙伴，搜索职位、公司信息，挖掘无限机遇。建立并拓展人脉网络，掌握行业资讯，让机会主动与你相连，助你开发职业潜力。

(3) Twitter

Twitter是一家美国社交网站及提供微博客服务的社交平台（见图7-37），是全球互联网上访问量最大的十个社交网站之一。Twitter允许用户将自己的最新动态和想法以移动电话中的短信息形式（推文）发布（发推），可绑定IM（即时通讯软件），所有的Twitter消息都被限制在140个字符之内。目前，Twitter的月活跃用户总数增加到2.71亿。虽然Twitter并没有在中国大陆开展业务，但是在中国大陆也拥有将近1000万的用户量。

图7-37　Twitter社交平台

企业可以在Twitter创建品牌页面、组建品牌小组，使同品牌的粉丝聚合在一起，从而企业就可以在组内向用户发送各种新品、促销信息，如戴尔从2007年3月开始使用Twitter到2013年已经在平台上获得了约100万美元的销售收入。美国总统大选中，希拉里和奥巴马都在Twitter上建立了个人主页，而奥巴马的Following高达15万！

(4) 微信

微信（见图7-38）是腾讯公司于2011年1月21日推出的一个为

智能终端提供即时通讯服务的免费应用程序。微信提供公众平台、朋友圈、消息推送等功能，用户可以通过“摇一摇”“搜索号码”“附近的人”和扫二维码的方式添加好友和关注公众平台，同时通过微信可以将内容分享给好友以及将看到的精彩内容分享到微信朋友圈。

图 7-38　微信即时通讯工具

此外，还有 Pinterest、Google+、QQ 空间、新浪微博、Tumblr 等社交平台，都有自身特点及对应客户。社交网络服务提供商针对不同的群众，有着不同的定位。最初的社交网站主要用于交友，如美国的 Friendster、LinkedIn。也有网站专门为商务人士交友提供服务，比如说中国的天极网、德国的 openBC。另外就是面向年轻人及大学生的 SNS 网站，如美国的 Myspace 就被默多克的新闻集团高价收购。

知识考查与技能训练

本章习题请扫码获得。

第四篇

跨境电商网络营销平台

第八章　跨境 B2B 网络营销平台

【学习目标】

本章旨在让学习者理解常用的跨境电商 B2B 平台及功能；掌握阿里巴巴国际站的开店规则；理解阿里巴巴国际站中商品推广时的 RFQ、商机通等基本工具的应用；掌握敦煌网的特点，理解敦煌网违规处罚规则。

通过本章的学习，应掌握以下知识（技能）。

1. 能够独立完成阿里巴巴国际站及敦煌网的店铺注册工作。

2. 能够根据跨境电商 B2B 平台规则进行商品的发布。

【基本概念】

跨境电商 B2B 平台、RFQ

在跨境电商市场中，跨境 B2B 模式在整体跨境电商行业中尤为重要，扮演着支柱型产业的角色，且跨境 B2B 交易规模始终占据着整体跨境电商市场交易规模的 90%以上。B2B 平台典型代表：敦煌网、中国制造、阿里巴巴国际站、环球资源网。

第一节 阿里巴巴国际站

阿里巴巴国际站帮助中小企业拓展国际贸易并提供出口营销推广服务，提供一站式的店铺装修、产品展示、营销推广、生意洽谈及店铺管理等全系列线上服务和工具，向海外买家展示、推广供应商的企业和产品，进而获得贸易商机和订单，帮助企业降低成本、高效率地开拓外贸大市场，是出口企业拓展国际贸易的首选网络平台之一，如图 8-1 所示。

图 8-1　阿里巴巴国际站

一、阿里巴巴国际站的特点

阿里巴巴国际站具有互动、可信、专业和全球化 4 个特点。

①互动：体现在为双方提供 Community（交流）频道，供双方进行交流和沟通，分享网络贸易经验。

②互信：阿里巴巴通过第三方认证和内部审核为付费会员提供细致、周到、安全的服务，有效降低网上外贸的风险。

③专业：拥有不断完善的人性化设计、出色的搜索和网页浏览、简便的沟通和账号管理工具等。

④全球化：阿里巴巴国际站的全球化体现在公司定位、业务范围以及公司性质等方面。

二、阿里巴巴国际站的优势和劣势

阿里巴巴国际站的优势和劣势如表 8-1 的所示。

表 8-1 阿里巴巴国际站的优势和劣势

优势	劣势
1. 访问量最大的 B2B 网站。 2. 推广力度较强。 3. 功能较完善。 4. 轻工产品有优势。 5. 亚太地区有优势。	1. 中国会员众多，恶性竞争激烈。 2. 中国占据 60%以上搜索量，国外买家访问量相对较小，80%以上访问量来自中文站，英文站访问量相对较小。 3. 排名没有保障。 4. 买家询盘是群发的。 5. 英文站价格较高，实际效用与宣传有一定差距。 6. 英文站采购商良莠不齐，大多是海外华裔和东南亚中东采购商。

三、阿里巴巴国际站主页的结构与功能

（一）结构

阿里巴巴国际站 4 个核心功能区分布如下。

（1）导航栏（Navigation）：导航栏位于正上方，如图 8-2 所示，由 3 个部分组成：Sourcing Solutions、Services & Membership 和 Help & Community。

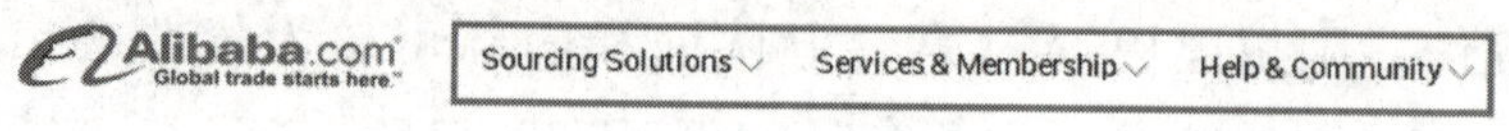

图 8-2　导航栏

（2）搜索栏（Search）：搜索栏位于首页正上方最醒目的位置，如图 8-3 所示，可以找到用户经常会用到的信息过滤和查找工具。通过 Products 等方式输入关键词可以查找到相关的信息。

图 8-3　搜索栏

（3）类目栏（Browse by Category）：位于首页左侧，如图 8-4 所示，每个类目下有若干二级和三级子类目。

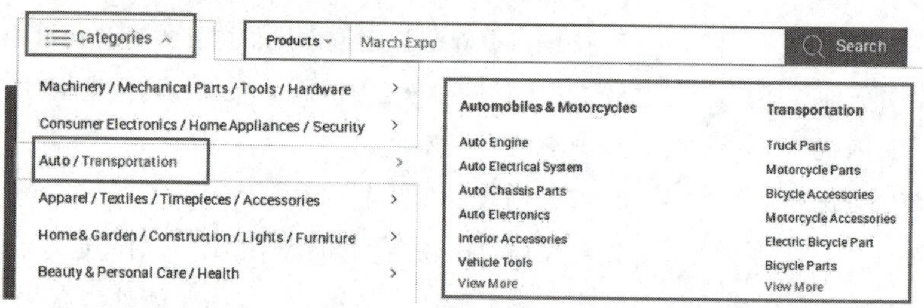

图 8-4　类目栏

（4）会员快速通道（Shortcut or Members）：这是用户注册、登录区，如图 8-5 所示，也可通过次区域的链接快速进入订单管理及商机界面，如图 8-6 所示。

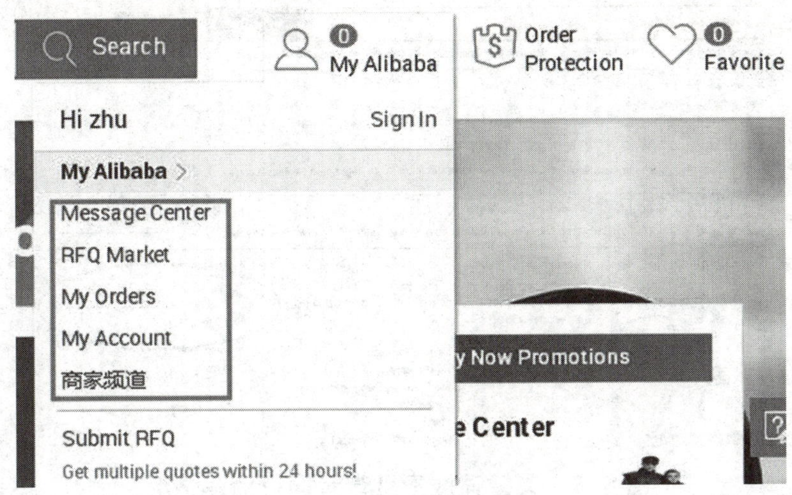

图 8-5　会员快速通道

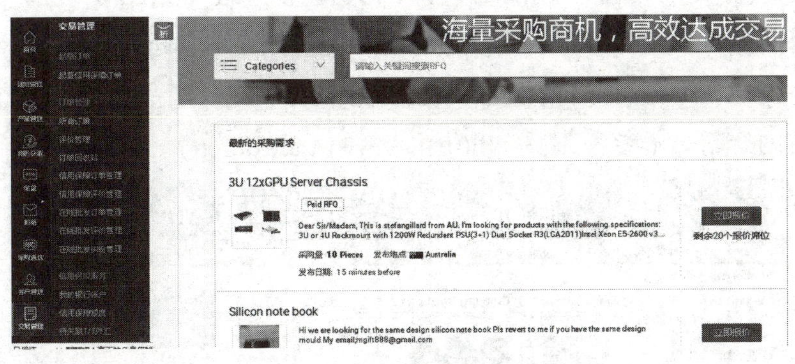

图 8-6　采购界面

（二）功能

(1) 查看同行情况（见图 8-7）。输入与你公司的产品相关的关键词，可查看同行的情况（产品名称、产品图片、简要描述、最小订单量、价格等）。

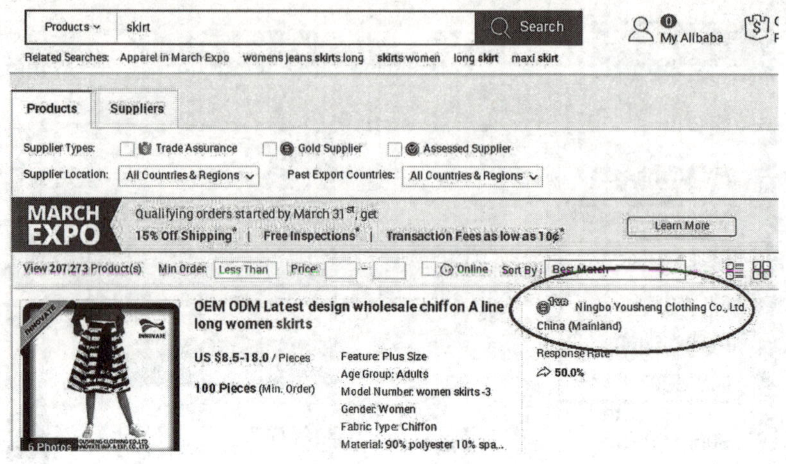

图 8-7　关键词搜索可查看同行商品情况

（2）查看同行排名靠前公司的网页整体情况（见图 8-8）。多留心排名靠前的网站或与你公司产品十分相似的网站，进一步了解对方网站的整体状况、公司橱窗设置（主要是关键词）、产品分组、公司栏目和产品内容等。(参考工具：http：//www. alexa. cn)

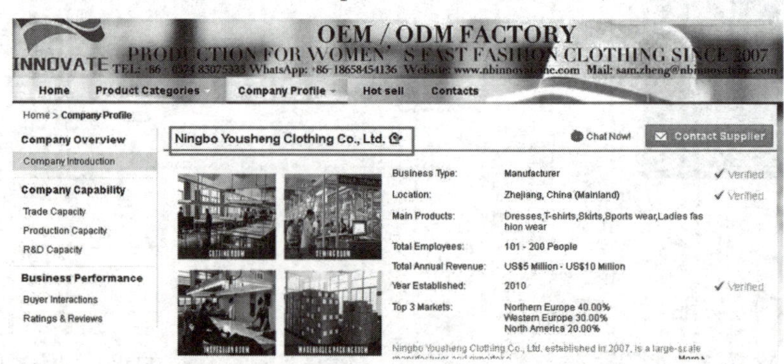

图 8-8　通过同行网页了解对方产品

（3）收集公司产品图片、关键词和产品描述（见图 8-9）。

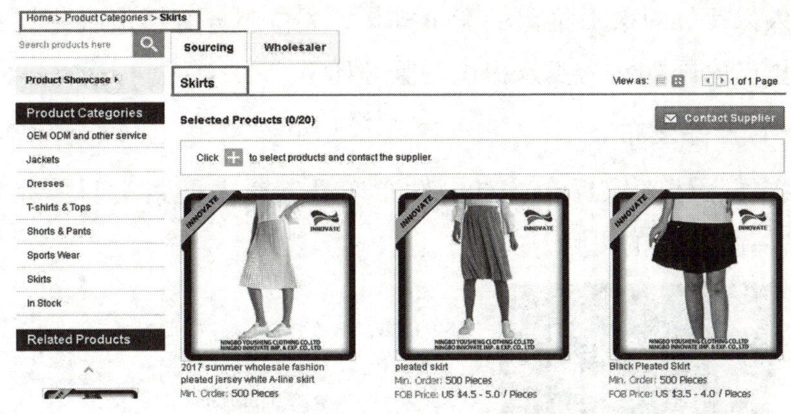

图 8-9　公司产品描述页面

四、阿里巴巴国际站的运营

阿里巴巴国际站的卖家主要服务内容如图 8-10 所示，其中采购直达（RFQ）是阿里巴巴旗下跨境 B2B 平台一个高速增长的全新线上外贸大市场。由买家发布采购需求，卖家根据买家要求主动报价并进行交易磋商，直至达成交易订单。

图 8-10　阿里巴巴国际站的卖家主要服务内容

营销模式主要包括：阿里巴巴国际站上可点击各大洲相关联盟站点、谷歌等线上推广渠道；买家服务部、国际商会、行业协会、展会等线下推广渠道；售后服务推广渠道。

盈利模式主要为：阿里巴巴国际市场的主要收入来源于会员费、

广告收入以及针对会员推出的竞价排名、展位服务等增值服务收入。

阿里巴巴国际站为卖家提供的服务如下。

（一）产品发布

进入国际站卖家后台，点击发布产品，输入搜索类目，如 dress，显示图 8-11 所示的类目。

图 8-11　搜索产品类目

在产品信息页面（见图 8-12）按要求完成产品基本信息、详情、交易、物流信息的填写，且填写完整度需高于平台平均值，从而提升了买家搜索排名。如果是发布以前发布过的产品的话就不用再一个个地直接去填信息了。可以在管理产品类目里找到以前的产品，并在最右边的编辑选项选择发布类似产品就可以了。

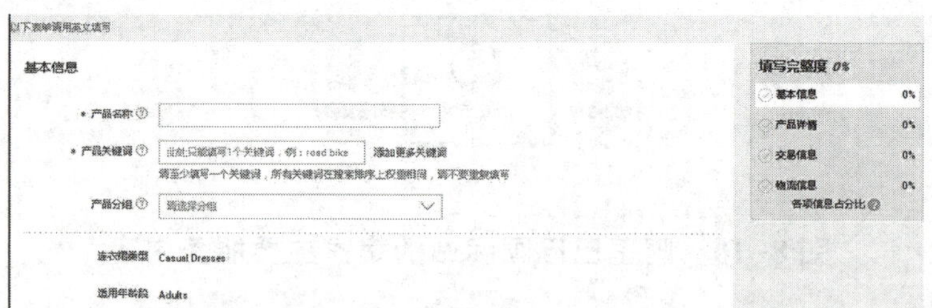

图 8-12　产品信息页面

（二）邮件追踪

通过邮箱绑定可以获得免费的买家推荐资源，及时获取线上订单，如图 8-13 所示。

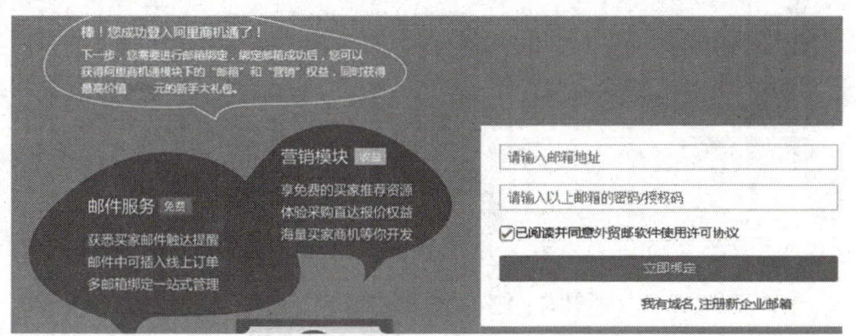

图 8-13　邮件追踪页面

（三）商机通

商机通（见图 8-14）为帮助客户快速成交而设置了多种线上营销工具，目前包含的功能有：限时报价、买家商机库、商机拓展、报价管理、营销信五大功能。限时报价的前身叫买家推荐，如图 8-15 所示，是指阿里巴巴对买家信息甄别后推荐给相关性最大的卖家，卖家可以在商机通内直接对该买家进行营销。商机库用于卖家对目标市场商机的追踪查询。如在商机库中输入 coat，那么会显示该类目下排名靠前的"Fencing, Trellis & Gates"有 127 个搜索结果，从而有利于卖家更好地选择商品。

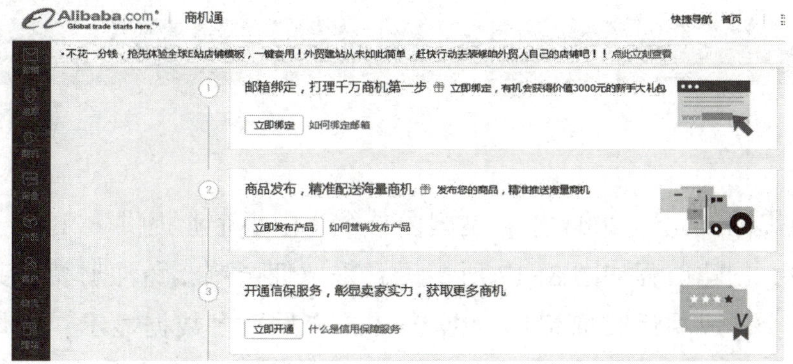

图 8-14　商机通页面

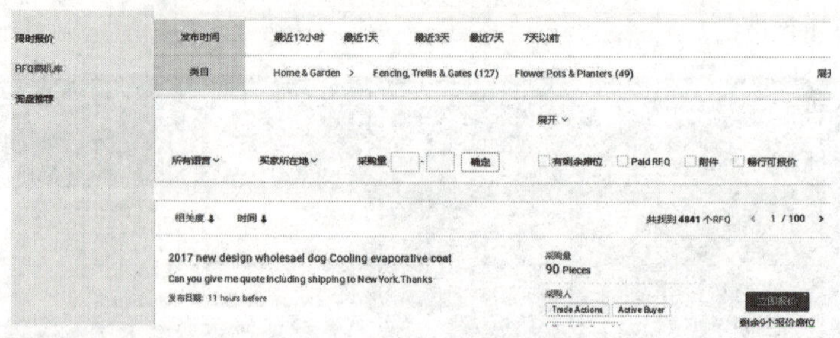

图 8-15　限时报价页面

(四) 外贸服务

阿里巴巴外贸服务市场页面有进入采购直达、出口通、一达通的快捷入口，这里可以根据我们的需求利用它的各种功能，如图 8-16 所示。

图 8-16　外贸服务市场页面

第二节　敦煌网

敦煌网成立于 2004 年，是国内首个为中小企业提供 B2B 网上交易的网站，创建历程如图 8-17 所示。它采取佣金制，免注册费，只在买卖双方交易成功后收取费用。据 PayPal 交易平台数据显示，敦煌网是在线外贸交易额中亚太排名第一、全球排名第六的电子商务网站。作为中小额 B2B 海外电子商务的创新者，敦煌网采用 EDM（电子邮件营销）的营销模式，低成本、高效率地拓展海外市场。自建的 DHgate 平台，为海外用户提供了高质量的商品信息，用户可以自由订阅英文 EDM 商品信息，第一时间了解市场最新供应情况。

图 8-17　敦煌网创建历程

一、敦煌网的交易模式

敦煌网采取佣金制，免注册费，只在买卖双方交易成功后收取费用。自 2016 年 5 月 8 日起，敦煌网佣金实施统一的"阶梯佣金"政策：当单笔订单金额少于 300 美元，平台佣金率为 8.5% ~15.5%；当单笔订单金额达到 300 美元且少于 1000 美元，平台佣金率直降为 4.0%；当单笔订单金额达到 1000 美元且少于 5000 美元，平台佣金率直降为 2.0%；当单笔订单金额达到 5000 美元且少于 10000 美元，平台佣金率直降为 1.0%；当单笔订单金额达到 10000 美元，平台佣金率直降为 0.5%。

二、敦煌网的特点

通常的跨境交易模式是：把产品的特性、报价、图片上传到平台；接到海外买家的订单；备货、发货；买家收货后付款；贸易结算。在敦煌网，买家可以根据卖家提供的产品信息选择生成订单、批量采购、先小量购买样品再大量采购三种方式。对比敦煌网和其他交易平台，敦煌网平台具备如下特点。

（一）缩短贸易流程、加快资金周转

敦煌网平台帮助供应商直接对接海外批发、零售商，压缩出口商—进口商—批发商的中间环节，节省在线交易时间，加速资金周转，

如图 8-18 所示。

图 8-18　敦煌网平台贸易流程

（二）规避贸易风险

敦煌网具备完善的第三方支付担保系统，确保资金安全，杜绝欺诈交易与知识产权风险。禁限售产品规则、产品违规规则及知识产权违规规则如图 8-19 所示。

违规行为	违规次数	账户处罚	产品处罚
1. 发布禁售产品 2. 未经授权发布限售产品	第1次违规	警告	50美金/每个产品
	第2次违规	期限冻结7天	
	第3次违规	期限冻结30天	
	第4次违规	关闭账户	
上传产品与实际销售不符	每次违规	期限冻结7天	一经核实产品冻结
盗用他人产品图片	第1次违规	警告	一经核实产品冻结
	第2次违规	黄牌	
	第3次违规	期限冻结7天	
	第4次违规	期限冻结30天	
	第5次违规	期限冻结90天	
	第6次违规	关闭账户	
更换产品（同类）	第1次违规	警告	首次违规产品下架7天 同一产品再次违规产品冻结
	第2次违规	黄牌	
	第3次违规	期限冻结7天	
	第4次违规	期限冻结30天	
更换产品（不同类）	第1次违规	黄牌	一经核实产品冻结
	第2次违规	期限冻结7天	
	第3次违规	期限冻结30天	
	第4次违规	期限冻结90天	
	第5次违规	关闭账户	
发布侵权产品（第三方投诉）	第1次违规	警告	一经核实产品冻结
	第2次违规	黄牌	
	第3次违规	限制类目经营7天	
	第4次违规	关闭账户	
发布侵权产品	第1次违规	警告	
	第2次违规	期限冻结7天	
	第3次违规	期限冻结30天	
	第4次违规	关闭账户	

图 8-19　违规及处罚

（三）及时、准确地把握目标市场信息

敦煌网直接面向海外终端用户，帮助供应商及时、准确地把握海外目标市场潮流变化、价格动向，并加强企业的竞争力和议价能力。

（四）降低货运成本、多样化物流方式

敦煌网提供平邮、快递、海运等多种物流选择，满足用户多样化的货运需求；与 EMS/UPS/DHL 等国际一流物流公司合作，提供高效低廉的物流服务，最低 3 元人民币的费用就可发往全球市场。

三、敦煌网的运营业务

敦煌网解决了商品外的一切交易流程，将大量的需求汇集起来去和供应商谈最低折扣，让 DHL、联邦快递的费用至少下降了 50%，物流外包专业公司，后台的物流系统与 UPS 对接，UPS 根据系统通知安排取货。平台主要提供交易支持、海外营销等平台资源整合业务，如表 8-2 所示。

表 8-2　敦煌网平台的运营业务

交易支持	产品管理、商品搜索、一键达、数据分析等，相关图片如下所示 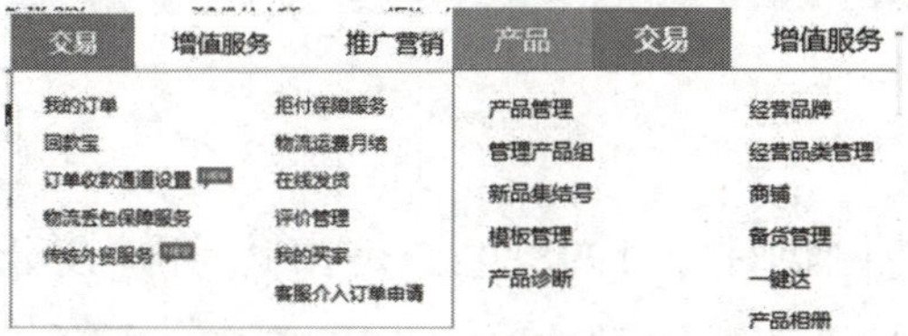
海外营销	整合线上与展会等线下资源，相关图片如下所示 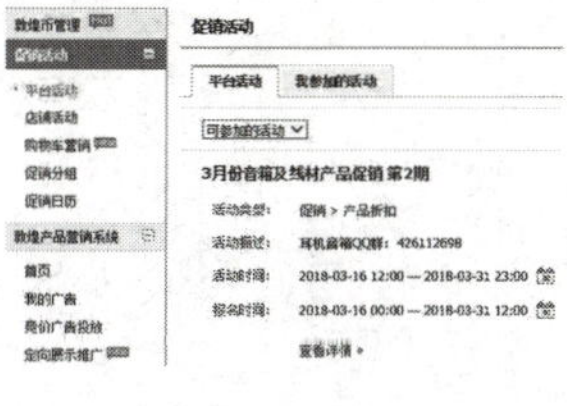

续表

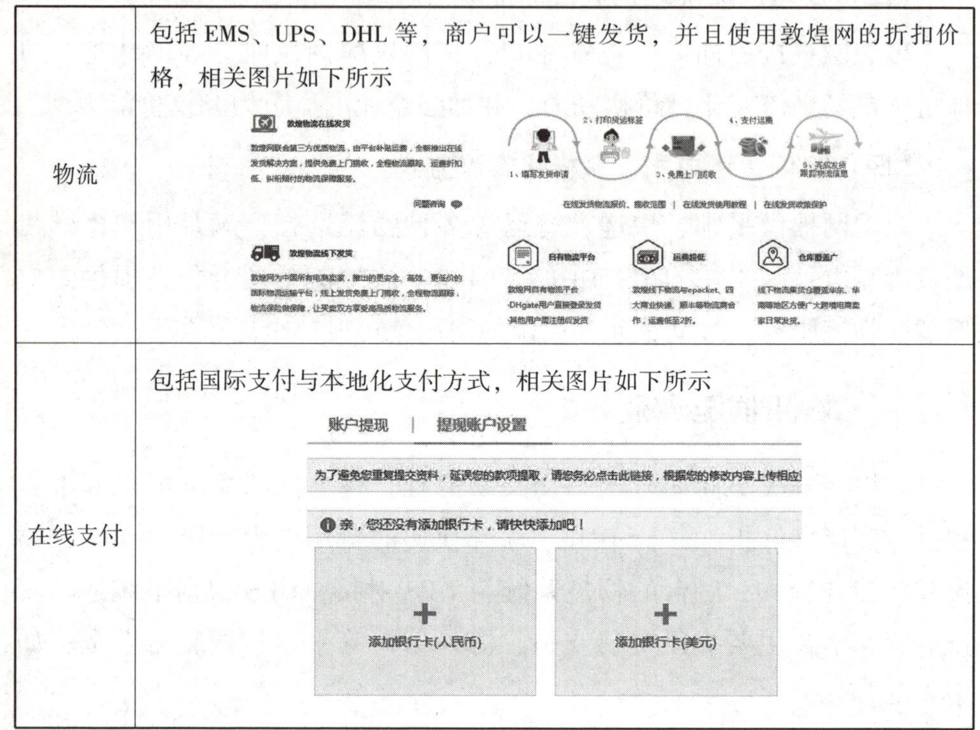

物流	包括 EMS、UPS、DHL 等，商户可以一键发货，并且使用敦煌网的折扣价格，相关图片如下所示
在线支付	包括国际支付与本地化支付方式，相关图片如下所示

第三节 中国制造网

中国制造网创建于 1998 年，是由焦点科技开发和运营的，国内最著名的 B2B 电子商务网站之一，如图 8-20 所示。其面向全球提供中国产品的电子商务服务，旨在利用互联网将中国制造的产品介绍给全球采购商。

图 8-20　中国制造网平台

一、中国制造网的特点

①中国制造网每个关键词也只卖前 10 名，询盘邮件是一对一发的，收费也较公道。

②网站知名度很大一部分是靠口碑相传，但规模较小，在海外影响力不大，在国内自身推广力度仍不足，在规模、影响力、推广力度等方面不如阿里巴巴。

二、中国制造网的运营

中国制造网（见图 8-21）提供的服务包括：可在中国产品目录和商情板上查找信息，在中国产品目录添加产品信息（中国制造的产品），发布买、卖或合作信息（对所有用户开放），在“我的办公室”可以轻松管理所有在线贸易活动，“信息中心”提供相关贸易信息。

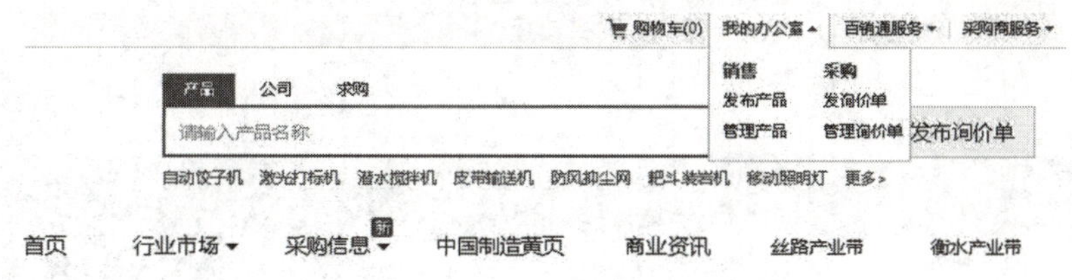

图 8-21　中国制造网运营网页

收费服务如百销通服务，主要享有品牌建站（基础建站、移动商铺、店铺数据管理）、全网引流（网站搜索、广告）、促进交易（实地认证、线下展会、供应链金融）及商机推送（采购需求匹配、平台数据互通）服务，如图 8-22 所示。

图 8-22　平台数据互通网页

中国制造网盈利来源主要是会员。盈利方式包括收费会员的费用，如会员费、排名费等。中国制造网百销通会员收费标准如图8-23所示。

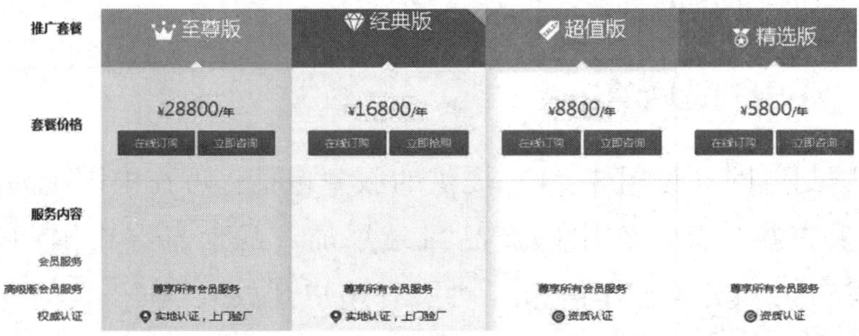

图 8-23　百销通会员收费标准

第四节
环球资源网

环球资源网（Global Sources）是一家多渠道 B2B 媒体公司，致力于促进大中华地区的对外贸易，如图 8-24 所示。公司的核心业务是通过一系列英文媒体，包括环球资源网站、印刷及电子杂志、采购资讯报告、买家专场采购会、贸易展览会等形式促进亚洲各国的出口贸易。

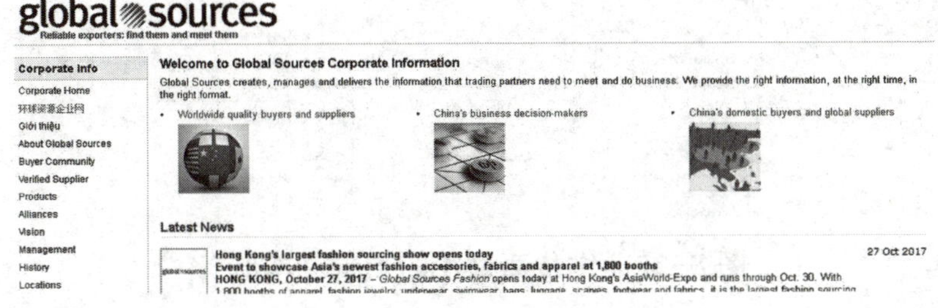

图 8-24　环球资源网页面

一、环球资源网的目标群体

环球资源网的目标群体专注于家居礼品、五金、电子、纺织四大行业。网站只接纳大型企业高端会员，环球资源网的目标客户以欧美为主，其中北美买家占总体买家量的 25%，西欧买家占 25%，其他 50%的买家分布在世界各地。

二、环球资源网的功能

环球资源网是一个通过网站、杂志和展会等多渠道提供国际贸易的平台。环球资源网为其所服务的行业提供最广泛的媒体及出口市场推广服务，供货商采用 4 项基本服务（包括网站、专业杂志、展览会和网上直销服务）进行出口市场推广（见图 8-25）。环球资源网同时提供广告创作、教育项目和网上内容管理等支持服务。

图 8-25　供货商采用的 4 项基本服务

三、环球资源网的盈利模式

环球资源网的盈利来源包括：会员费及服务费用，如线下会展、商情刊物、出售行业资讯报告等所带来的广告和所收取的增值服务费用。环球资源的展会现已成为重要的盈利模式，占其收入的三分之一左右。

知识考查与技能训练

本章习题请扫码获得。

第九章　跨境 B2C 网络营销平台

【学习目标】

本章旨在让学习者了解常见的跨境电商 B2C 平台及功能；掌握速卖通规则及开店流程；掌握速卖通特点；掌握亚马逊平台规则及开店流程；了解 eBay 平台特点及开店流程；掌握 Wish 平台规则；掌握 Wish 开店流程。

通过本章的学习，应掌握以下知识（技能）。

1. 能够完成敦煌网的店铺注册工作。
2. 能够独立完成 Wish 移动端的店铺开设。
3. 能够完成 Wish 平台店铺的商品发布。

【基本概念】

跨境电商 B2C 平台、Wish

B2C 类跨境电商企业所面对的最终客户为个人消费者，以网上零售的方式，将产品售卖给个人消费者。并且 B2C 类跨境电商在中国整体跨境电商市场交易规模中的占比不断升高。在未来，B2C 类跨境电商市场将会迎来大规模增长。

第一节 速卖通

速卖通是阿里巴巴帮助中小企业接触终端批发零售商、小批量、多批次快速销售，拓展利润空间，将订单、支付、物流于一体的外贸在线交易平台。阿里巴巴旗下的全球速卖通业务有 B2B 模式和 B2C 模式，但主要是 B2C 模式，是中国供货商面向国外消费者交易的一种小额跨境电商。速卖通平台成立于 2009 年下半年，经过近几年的迅猛发展，目前已成为中国最大、全球第三大英文在线购物电商平台，如图 9-1 所示。

图 9-1　速卖通页面

一、速卖通规则

速卖通开店入驻限制为：在线商品数量最多 3000 个（一店）；十八大经营范围（一店对应一个）；同一企业相同经营范围最多 3 家店

铺；技术服务费为 1 万元起。服务指标：类目 90 天货不对版纠纷率平均分；类目 90 天 DSR 商品描述平均分。

速卖通规则主要包括概述基础规则、行业标准、知识产权规则、禁限售规则、营销规则、招商规则及卖家保护政策七大类，日常交易时需注意图 9-2 所示的五类规则，尤其是速卖通违规及处罚规则。

图 9-2　重要规则

二、速卖通的特点

（一）进入门槛低，交易活跃

阿里巴巴的速卖通平台对卖家没有企业组织形式与资金的限制，进入门槛低。发布 10 个产品后，卖家就可以在平台上成立自己的店铺，然后可以直接面向全球 200 多个国家的消费者或小型商家，沟通、交流、发布和推广商品，订单反应迅速，交易活跃，满足了中国小供货商迅速做出口业务的需求，也刺激了双方交易的活跃性。

（二）交易流程简便

速卖通的交易程序非常简便，出口商无须成立企业形式，也无须经过外经贸委和外汇管理局等备案。出口报关、进口报关全由物流方简单操作完成。买卖双方的订单生成、发货、收货、支付全在线上完成。卖家通过第三方物流迅速发货，买家通过银行卡进行交易支付。

（三）无关税支出

由于速卖通业务的单笔订单成交金额少，因此送出去的包裹价值普遍较低，没有达到进口国海关的关税最低起征点，因而无关税支出，这大大降低了消费者的购买成本。

（四）产品品种多，价格低廉

鉴于中国目前是全球众多国家销售商品的货源国，国外消费者利用网络和速卖通平台，可以直接向货源的供应基地——中国供货商购买产品，产品品种多，价格低廉。

三、速卖通开店流程

（一）注册

实名认证一个速卖通账号，要严格按照网站的提示拍照片。照片务必清晰，照片放大后要能看到身份证上的每一个字。审核通过后需要通过考试，要 80 分以上的成绩才能通过考试。

（二）店铺定位

店铺定位的关键在于产品定位，根据自身的产业熟悉情况，结合速卖通后台的大数据，来决定到底卖什么。目前速卖通热卖的品类有：服装、电话和通讯、珠宝和钟表、家居用品、运动及娱乐、箱包、鞋子、消费电子、汽车和摩托车配件、美容健康、电脑网络产品等。不论选择哪个类目都必须获得平台授权，具体可参考《速卖通 2018 年度各类目技术服务费年费及考核一览表》。

（三）设置产品分组

产品分组即产品分类，如你打算做女装，可能会分为外套、羽绒服、毛衣、卫衣、夹克等。

（四）设置运费模板

确定产品及分类后就需要了解这些产品的客户主要来自哪些国家，

那么就以这个国家的运费价格为基准设置运费模板。

（五）选品

货源都是可以在批发网上找的，但是在网上找货源要同时考虑多个因素，如市场热卖情况、价格、竞争情况等。

（六）上传产品信息

产品信息上传时要很仔细，必选的属性一定要选，标题写得好或坏直接影响产品曝光率。

（七）推广

速卖通免费的推广手段有店铺活动、平台活动，这些日常活动能带来很多的流量。也可以设置联盟推广，这个是要设置佣金比例的(类似于提成)，这个也能给店铺带来至少 30%的流量。除此之外还可以在国外的 Facebook、Twitter 上做站外推广，就类似于国内的微博营销，效果也是非常好的。

（八）处理订单及发货

客户付款 24 小时后平台会提醒你发货，一般需要在客户付款后的 10 天内发货，发美国主要用 E 邮宝，发俄罗斯用俄罗斯专线，其他主要用邮政的航空小包。

（九）回款

客户收到货后会确认收货（如果客户不确认收货，时间到了以后系统会自动确认收货），刚开店的时候回款可能比较慢，可能要 20~60 天，但当店铺有 15 个左右好评的时候，店铺会自动加入提前放款计划，加入计划后，90%的订单资金会在三天之内先放到账户，剩下的 10%会等订单结束后再放款。

第二节 亚马逊

亚马逊（Amazon）是美国最大的一家网络电子商务平台，是网上最早开始经营电子商务的公司之一，如图 9-3 所示。亚马逊现已经扩展到全球 13 个站点，覆盖 65 个国家。亚马逊 35. 4%的用户来自北美地区、31. 8%的用户来自欧洲地区、24. 1%的用户来自亚太地区，亚马逊网站流量在全球排名中为第 7 位（eBay 排名在第 24 位，速卖通排名在第 50 位）。在全世界拥有 80 个仓储基地。越来越多的中国买家尝试注册亚马逊卖家账户，在其美国、英国、德国、西班牙、意大利、加拿大等站点销售产品，赚取大额的利润。

图 9-3 亚马逊页面

亚马逊及其他销售商为客户提供数百万种独特的全新、翻新及二手商品，如图书、影视、音乐和游戏、数码下载、电子和电脑、家居园艺用品、玩具、婴幼儿用品、食品、服饰、鞋类和珠宝、健康和个人护理用品、体育及户外用品、玩具、汽车及工业产品等。其主要功能类目如图 9-4 所示。

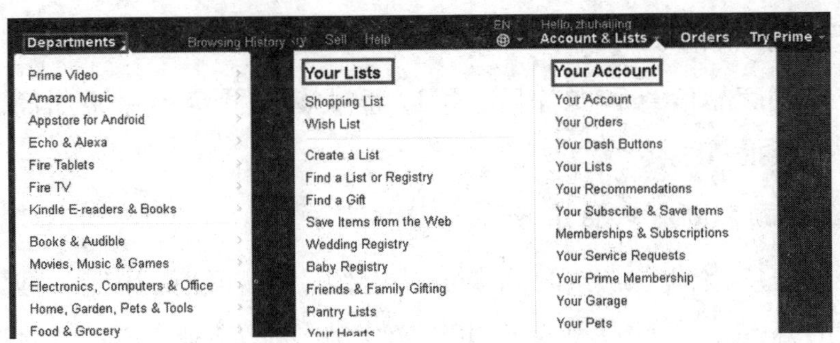

图 9-4　亚马逊主要功能类目

一、亚马逊开店条件

必须有由亚马逊支持的国家银行账户来接受付款；必须在卖家档案里准确地陈述发运国家，供客户参考；保证客户订单的货物将在预期时间内收到；所有产品必须以美元为收费单位；必须用英语与客户进行通信沟通。

二、亚马逊开店流程

（一）创建账户，提交资质材料，并通过资质审核

在线填写公司信息，创建亚马逊卖家账户。在注册过程中，需要提交公司资质（营业执照副本和国税税务登记证）以及品类和品牌相关的资质以完成亚马逊资质审核。资质审核工作一般会在材料提交后的3个工作日内完成，亚马逊会将审核结果以邮件形式通知卖家。同时也可以登录卖家平台直接查看审核结果及详细审核意见。

（二）提交保证金

亚马逊实施卖家保证金政策。根据该政策的要求，所有卖家必须确认接受在卖家平台管理保证金页面公布的承诺函，重申对在亚马逊商城销售正品质优商品的保证。同时，不同品类的卖家必须依照承诺向亚马逊缴存保证金。

（三）上传商品

准备好商品信息和图片后，可以通过卖家平台逐一添加商品信息或通过模板批量上传。

（四）顾客浏览商品并下单

商品信息上传完成，商品便成功上线，顾客能够浏览、搜索和购买卖家的商品。一旦有订单产生，卖家就会收到亚马逊的邮件通知，同时，卖家可以通过卖家平台查看店铺订单信息。

（五）配送商品和发票

订单产生后，卖家需按照顾客要求的配送方式及时配送商品。如果顾客需要发票，卖家平台的“管理订单”中会有提示，可以及时向顾客邮寄符合国家税务规定的普通发票。

（六）结算货款

亚马逊每隔 14 天会与您进行一次结算。完成结算后，亚马逊会将结算报告发布在卖家平台的“报告”部分，并通过银行转账，将销售收入存入您的银行账户。从银行转账之时起，一般在 6~10 个工作日后，资金才可到达卖家的银行账户。要注意的是，公共节假日将影响资金汇入，到账时间将延迟 6~10 个工作日。

三、亚马逊平台维护

（一）邮件回复

客户邮件需要在 24 小时内回复完，超过 24 小时以后，后台会显示数量，作为亚马逊对卖家的考核标准之一。

（二）差评处理

客户给予差评时会在评论中说明差评原因，主要有发货速度慢、收货时间长、质量不好等原因导致买家差评。卖家看到差评后需要及时和买家沟通，进一步了解差评原因，在可接受范围内尽量解决客户的问题。解决完以后可以建议买家更改差评，但不得强行要求，一旦发现，亚马逊会严格处理。

（三）A-Z 投诉

针对 A-Z 投诉的买家，协商很重要。了解客户投诉原因，并尽量做到客户满意，选择接收产品及客户服务，或者全额退款，否则亚马逊会产生扣费。

（四）发货时效

亚马逊的普遍发货时效为两天内发货，卖家也可在账户设置中设置发货时间段。一旦设定，卖家需要按时发货，否则亚马逊查出虚假发货就会影响账户健康状态的评分。

（五）卖家论坛

卖家后台右上角有 Help 按钮，一旦有任何销售问题都可以在论坛中查找或者与别的卖家一起交流经验，或者也可以直接联系客服，亚马逊员工会及时回复您。

第三节 eBay

eBay（见图 9-5）作为全球商务与支付行业的领先者，为不同规模的商家提供共同发展的商业平台。eBay 在线交易平台是全球领先的线上购物网站，拥有 1.45 亿活跃用户，这些用户遍布全球 100 多个国家。目前 eBay 有 20%的交易额属于跨境交易，其中每 3 个新用户中就有 1 个进行跨境交易。eBay 的电子支付品牌 PayPal 在 193 个不同国家和地区拥有超过 1.48 亿的活跃用户，支持用 26 种货币进行收付款。

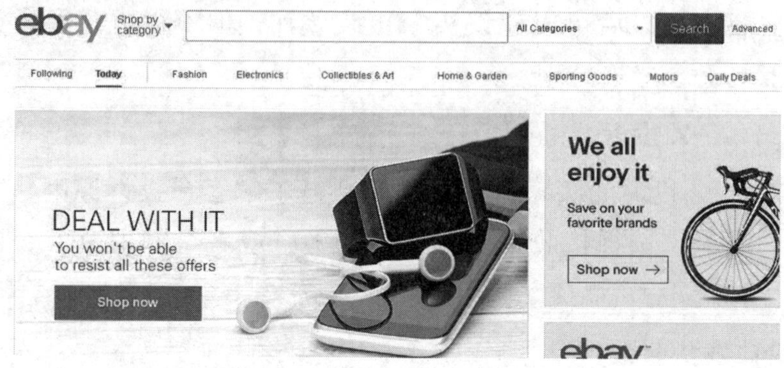

图 9-5　eBay 页面

一、eBay 的功能

eBay 拥有 3.8 亿海外买家客户资源，实现欧美发达消费市场和新兴经济体市场的全覆盖，为中国出口企业、商家提供出口电商网上零售服务。中国卖家通过 eBay 推广策略打造自有品牌，提升世界地位认可度。同时 eBay 帮助买卖双方削减中间环节，创造价格优势，降低运营成本。

二、eBay 的运营

（一）注册流程

（1）注册并认证 eBay 个人账号

eBay 卖家只需注册并认证一个 eBay 账号，即可在全球范围进行销售。

（2）设置运营规则

根据欧盟网络交易公司法规规定，进行交易的商业卖家须提供特定的公司数据，供买家参考。卖家提供的公司数据将会在该公司的所有 eBay 欧洲网站上的物品详细数据页面显示。此外，还需设置业务规则，主要包括在刊登物品的页面中，向买家提供付款方式、物流及退货细节的信息。卖家无须为每个刊登物品逐一建立商业政策，可建立多种付款政策、物流政策及退货政策。

（3）通过数据报告优化账户

“卖家成绩表/Seller Dashboard”能帮助卖家快速了解自己的卖家表现、折扣优惠、政策遵守度、账户等级、销售总额这五方面的成绩。以 eBay 美国站点为例，进入 eBay 登录页面，完成登录，进入“My eBay”页面点击“Account”，进入“账户”页面，点击左侧边栏里的“Seller Dashboard”，进入“卖家成绩表”页面。“卖家成绩表”页面上方是“卖家成绩表摘要总览”区域，会显示您的卖家级别和各组成项目的详细数据。

“买家体验报告”以图表和数据的形式直观反映买家的购物体验，可以帮助卖家监测账户表现，给买家带来优质的购物体验。买家体验报告中包含了卖家等级细分数据、问题提醒、全球不良交易趋势、全球不良交易量细分和其他相关信息报告五大模块，其中每日更新的内容为：卖家等级状态及细分、申请销售额度自检、买家试图反映物品未收到的提醒。

（二）平台服务

除了为卖家和最终消费者提供交易平台等基础服务外，eBay 同时积极布局出口电商“产业链”服务，主要为入驻其平台的卖家提供如下的多种服务。

①提供商家“刊登物品前的准备、刊登物品、售出并发货”等全套服务指导，包括跨境交易认证、业务咨询、疑难解答、外贸专场培训及电话培训、外贸论坛热线、洽谈物流优惠，帮助卖家迅速熟悉 eBay 平台的操作及销售模式。

②在推广、物流、仓储和融资等各个环节，eBay 与合作伙伴共同为商家提供方便快捷的出口贸易服务。

③eBay 给入驻平台的商家提供“外贸大学”服务，数百家优秀外贸企业的成功经验供卖家学习借鉴，并推出了有针对性的各类专题课

程，帮助商家解决跨境贸易中出现的各种问题。

三、卖家保护

eBay 推出卖家保护政策，并通过持续的投入，从保护政策的有效执行、买家质量的评估监督、发展中市场的多重卖家保护等方面入手，继续强化对卖家的支持和保护。在本地服务方面，eBay 持续通过客户经理和客户服务团队为卖家提供高质量的服务，包括业务咨询、市场分析等一系列增值服务，助力卖家业务的快速发展。

四、数据管理

通过大数据技术及对市场的深入了解与分析，eBay 为商家提供全球市场的动态信息，帮助卖家准确了解国外市场的动态，时刻把握商机，如“专业版售卖专家”（Selling Manager Pro.）提供的功能包括批量创建和定时上线物品刊登，定时上线卖家希望自动重复或重新刊登的物品并自动更新付款，当买家付款时自动给出您的信用评价，在收到付款和物品发货后自动给买家发送电子邮件（付款收讫，物品已发）。

第四节 Wish

Wish 总部位于美国，是一个近年来刚刚兴起的基于 APP 的跨境平台，如图 9-6 所示。主要靠价廉物美吸引客户，在美国市场有非常高的人气和大量的市场追随者，核心的产品品类包括服装、珠宝、手机、礼品等，大部分都是通过中国发货。Wish 的主要吸引力就是价格特别便宜，但是因为 Wish 平台个性的推荐方式，产品品质往往比较好，这也是平台短短几年发展起来的核心因素。

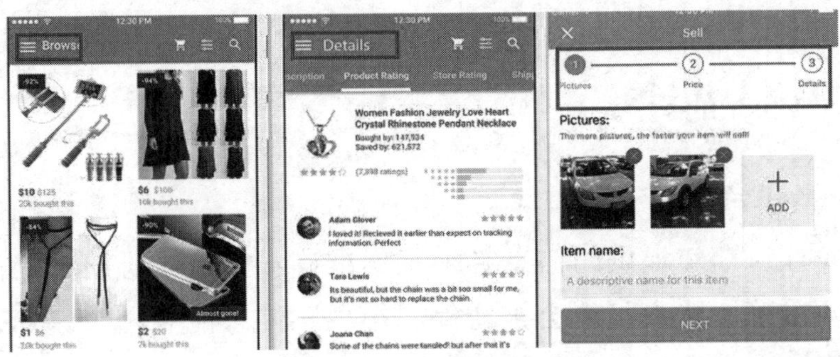

图 9-6　Wish 页面

Wish 97%的订单量来自移动端，APP 日均下载量稳定在 10 万，峰值时下载量为 20 万，目前用户数已经突破 4700 万。

一、Wish 的特点

（一）用户黏性高

亚马逊、eBay 等平台是由 PC 端发展起来的传统电商，更多的是注重商品的买卖交易。Wish 虽然本质上也是提供交易服务的电商平台，但其专注于移动端的“算法推荐”购物，呈现给用户的商品大都是用户关注的、喜欢的，每一个用户看到的商品信息不一样，同一用户在不同时间看到的商品也不一样。

（二）能实现购物功能的社交网站

Wish 不依附于其他购物网站，本身就能直接实现完整的商品交易。用户在一般的社交网站找到自己喜欢的商品后，如果需要购买，则需跳转到相应的购物网站上，从而影响了购物体验。Wish 利用智能推送技术，为 APP 客户推送他们喜欢、收藏的产品，真正做到点对点的推送，所以说客户下单率非常高，而且满意度很高。并且 Wish 一次显示的产品数量比较少，有利于精准营销。

（三）提供商品图片的购买服务

Wish 上面有大量精美的商品图片，只要用户喜欢，可以随时购买拥有。

二、Wish 的运营

（一）平台注册

卖家注册期间提供的信息必须真实准确，如果注册期间提供的账户信息不准确，账户可能会被暂停。每个实体只能有一个账户，如果公司或个人有多个账户，则多个账户都有可能被暂停。

（二）产品列表

Wish 的产品上传期间提供的信息必须准确，如果所列产品提供的信息不准确，该产品可能会被移除，且相应的账户可能面临罚款或被暂停。

Wish 严禁销售伪造产品、重复的产品、实物与刊登信息差异过大的产品，不得在 Wish 刊登禁售品，产品的图片和文本信息不得侵犯他人的知识产权。

（三）产品促销

Wish 可能随时促销某款产品。如果产品的定价、库存或详情不准确，商户需要注意以下规则：不得对促销产品提高价格和运费；不得降低促销产品的库存；店铺如若促销禁售产品，将面临罚款。如果店铺过去 9 天销售交易总额超过 500 美元的禁售产品，店铺将被罚款 50 美元。

（四）退款政策

如果订单在确认发货前被退款，则此订单不符合付款条件。退款产生前已确认发货的订单方符合付款政策。如果确认履行日为购买后 5 天以上或对于配送时间过度延迟的订单，商户应对该订单退款负 100% 的责任。如果用户由于尺寸问题而要求退款或商户实施诈骗活动或规避收入份额，由商户承担全部退款成本。允许商户对这些退款进行申诉。

商户的每个极高退货率的产品都将会收到一条违规警告，在该产品的后期所有订单中，产生的任何退款都将由商户承担全部责任。此外，退款会从上次付款中扣除。根据具体的退款率，该产品可能会被 Wish 移除。未被 Wish 移除的高退款率产品将会被定期重新评估。若该产品保持低退款率，那么商户将不再因此政策而承担该产品的全部退款责任。商户不允许对这些退款进行申诉。

对于每个平均评价极低的产品，商户会收到相应的违规通知。商户需对该产品在未来的和追溯到最后一次付款的所有订单的退款费用负100%的责任。根据平均评分，该产品可能会被 Wish 移除。未被移除的平均评价低的产品将会被定期重新评估。如果产品的评分不再偏低，根据政策，商户将不再承担100%的退款责任。商户不允许对这些退款进行申诉。

知识考查与技能训练

本章习题请扫码获得。